Kerstin Kiefel und Matthias Winter-Pellicciioni

Halle an der Saale

55 Meilensteine der **Geschichte**

Menschen, Orte und Ereignisse, die unsere Stadt bis heute prägen

Damit du dich in Halle wohl fühlst und dich gut auskennst schenke ich dir das

von Dominic

SUTTON

Inhalt

Einleitung

Halle an der Saale – Stadt der fünf Türme – besitzt eine überaus interessante und wechselvolle Geschichte, sodass es nicht leicht war, daraus 55 Meilensteine auszuwählen. Zu DDR-Zeiten als „Diva in Grau“ tituliert, entwickelte sich die Stadt in den letzten 30 Jahren zu einer städtebaulich reizvollen Kultur- und Wissenschaftsmetropole in Sachsen-Anhalt.

Es gibt Highlights in ihrer Geschichte, die in unserer Betrachtung selbstverständlich nicht fehlen dürfen: die Himmelsscheibe von Nebra; das Wirken von Kardinal Albrecht von Brandenburg; die Marktkirche mit ihren vier Türmen und der Rote Turm; die altehrwürdigen Halloren ebenso wie die Franckeschen Stiftungen; Georg Friedrich Händel und Hans-Dietrich Genscher, die berühmten Söhne der Stadt; aber auch die „sozialistische Planstadt Halle-Neustadt“. Daneben gibt es jedoch zahlreiche weitere Meilensteine, die gemeinsam ein interessantes Kaleidoskop der Stadt mit ihrer mehr als 1.200-jährigen Geschichte bilden.

Die Stadt verdankt ihre Entstehung v.a. den Solequellen, aus denen das Salz gewonnen wurde. Der Handel mit dem „weißen Gold“ brachte ihr im Mittelalter großen Reichtum. Mit Beginn der Neuzeit rückte die Stadt für einige Jahrzehnte in den Blickpunkt des gesamten Heiligen Römischen Reichs Deutscher Nation. Kardinal Albrecht, seinerzeit mächtigster Fürst nach dem Kaiser, wählte Halle als seine Residenz, die er durch prachtvolle Bauwerke im Stil der Renaissance repräsentativ umgestaltete. Durch Martin Luther, seinen im nahe gelegenen Wittenberg lebenden Gegenspieler, verbreitete sich auch in Halle die Idee der Reformation, die nicht zuletzt dazu führte, dass Albrecht 1541 der Stadt desillusioniert den Rücken kehrte.

1685 erblickte Georg Friedrich Händel in Halle das Licht der Welt und erwarb hier seine musikalische Ausbildung, bis er schließlich über verschiedene Stationen in England heimisch wurde und auch dort bis heute hoch verehrt wird. Der Brandenburger Kurfürst Friedrich III. gründete 1694 als Gegengewicht zu den sächsischen Universitäten in Leipzig und Jena in Halle die Friedrichs-Universität, die bald ein Zentrum von Pietismus und Aufklärung wurde.

Im 18. Jahrhundert konnte Halle nicht an die Glanzzeiten der Residenzstadt anknüpfen. Nach dem Ende der französischen Besatzung 1813 war Halle zu einem verarmten Provinznest verkommen. Kaum einer ahnte zu diesem Zeitpunkt, dass die aus der Runkelrübe hervorgegangene Züchtung der Zuckerrübe und die winzigen Braunkohlengruben im Umland eine Entwicklung auslösen würden, die Halle innerhalb weniger Jahrzehnte zur Großstadt und zu einem bedeutenden deutschen Wirtschaftszentrum katapultierte. Der Bedarf der Wirtschaft an günstigem Brennstoff und Maschinen ließ Halle schnell zu einem Zentrum des Maschinenbaus und der Braunkohlenindustrie, später dann auch der chemischen Industrie werden.

Der enorme Bedarf an Arbeitskräften der umliegenden chemischen Großbetriebe

Gesamtansicht von Halle um 1650.

führte 1964 zur Gründung von Halle-Neustadt als „Stadt der Chemiearbeiter“. Die vollständig in Plattenbauweise errichtete sozialistische Planstadt gehört mittlerweile trotz kontroverser Bewertung zur neueren Geschichte der Stadt.

Nach 1990 erfolgte ein Wandel von einer durch die Industrie geprägten Stadt hin zu einer dienstleistungs-, kultur- und wissenschaftsorientierten Ausrichtung. Halle ist Standort der Nationalen Akademie der Wissenschaften Leopoldina sowie der Kulturstiftung des Bundes. Der Weinberg Campus ist heute der zweitgrößte Wissenschafts- und Technologiepark in den neuen Bundesländern und beherbergt international renommierte Forschungseinrichtungen wie ein Fraunhofer-, ein Helmholtz-, ein Leibniz- und ein Max-Planck-Institut.

1 Erdbeben und Vulkane, Dürre und Eiszeiten

Spuren der Vergangenheit

Der hallesche Raum hat im Laufe seiner Erdgeschichte vieles erlebt – Vulkane, Wüsten, ein Salzmeer, Tropenwälder und mächtige Gletscher. Die Relikte dieser Epochen – besonders die Salze und die Braunkohlen – prägten maßgeblich die Entwicklung der Stadt.

Begeben wir uns zunächst auf eine Zeitreise – etwa 300 Millionen Jahre zurück. Erdbeben erschütterten die Landschaft, flüssiges Magma drang bis an die Oberfläche. Diese Vulkangesteine – der Hallesche Porphyr – prägen bis heute das Stadtbild und bilden markanten Kuppen wie den Galgenberg, den Reilsberg oder die Klausberge.

40 Millionen Jahre später wurde das Stadtgebiet dann vom Zechsteinmeer überflutet. In dem flachen Meer, das immer wieder austrocknete, kam es zur Ablagerung mächtiger Salze. Dies sollte sich später als Glücksfall herausstellen, wurde doch Salz im Mittelalter mit Gold aufgewogen.

Vor etwa 140 Millionen Jahren dann befand sich die Afrikanische Platte auf Kollisionskurs mit Europa. Die Erdkruste war von Bruchlinien durchzogen, eine der größten verlief direkt entlang des heutigen halleschen Marktplatzes. Durch den zunehmenden Druck in der Erdkruste schob sich peu à peu die nördliche um mehr als 600 Meter über die südlich gelegene Scholle. Durch „Wind und Wetter" wurde die Oberfläche der nördlichen Scholle abgetragen, sodass hier immer ältere Gesteine an die Oberfläche gelangten. Die als Hallesche Marktplatzverwerfung bekannte Störungszone ist unter den Geologen deutschlandweit bekannt und einmalig für eine deutsche Großstadt.

Dieses geologische Phänomen prägte wie kein zweites Ereignis die Entwicklung der Stadt Halle. An der Störungszone gelangten Salzablagerungen des ehemaligen Zechsteinmeers an die Oberfläche und bildeten so in der Gegend des heutigen Hallmarkts Solequellen. Diesen Solequellen verdankte Halle seinen Reichtum im Mittelalter.

Im Tertiär vor etwa 70 Millionen Jahren begünstigte dann das subtropische Klima ein üppiges Pflanzenwachstum. Aus den mächtigen Sümpfen entwickelte sich später die Braunkohle, die an vielen Stellen im Stadtgebiet abgebaut wurde.

Die letzte Überprägung erhielt die Saalestadt in der allseits bekannten Eiszeit. Halle lag zeitweise unter einer 500 Meter mächtigen Eisdecke. Die Landschaft wurde durch die Eismassen und die riesigen Mengen an Schmelzwässern geformt. Die Wassermassen durchbrachen den Porphyrriegel zwischen Kröllwitz und Giebichenstein und formten das landschaftlich reizvolle Saaletal im nördlichen Stadtgebiet. Genau genommen wechselten sich innerhalb der Eiszeit kalte und warme Perioden ab, die meist um die 10.000 Jahre dauerten. Aktuell befinden wir uns im Übrigen seit etwa 11.700 Jahren in einer Warmzeit … Im halleschen Raum war bis zur letzten Kaltzeit noch eine reiche Großtierfauna mit Mammuts, Höhlenlöwen, Steppennashörnern und

Heinrich-Heine-Felsen am Riveufer.

europäischen Waldelefanten anzutreffen. Hier wie auch weltweit starben diese dann jedoch in kurzer Zeit mit Ausnahme einiger weniger noch heute lebender Tiergiganten wie Nashörner und Elefanten aus.

Durch den Regenschatten des Harzes entwickelte sich im halleschen Raum zu Beginn dieser Warmzeit zunächst eine Waldsteppe. Die zu dieser Zeit entstandenen Schwarzerden gelten als die besten Böden in ganz Deutschland. Mit zunehmender Klimaverbesserung wandelte sich vor etwa 5.000 Jahren das Landschaftsbild. In den Flussauen entstanden Auenwälder, auf den Hochflächen wuchsen Buchenwälder, die Porphyrkuppen waren mit Trockenrasen und Orchideen bewachsen.

2 Kosmos in Bronze
Die Himmelsscheibe von Nebra

Die weltweit bekannte Himmelsscheibe von Nebra gilt als älteste bekannte Himmelsdarstellung der Menschheit und ist zweifelsohne das Highlight im Landesmuseum für Vorgeschichte. Das archäologische Museum von europäischem Rang bietet eindrucksvolle Einblicke in die Vor- und Frühgeschichte in Mitteldeutschland.

Die Fähigkeit zum aufrechten Gang und später der Übergang von der Lebensweise als reine Jäger und Sammler hin zu der als Produzenten durch Ackerbau und Viehzucht waren für die Entwicklung des modernen Menschen entscheidend. Gräser mit besonders großen Körnern wurden nicht mehr vollständig verzehrt, sondern ein Teil davon ausgesät. Wildziegen, Fasane, später auch Auerochsen und Wildschweine wurden gezähmt, versorgt und dienten als stetige Nahrungsquelle für Milch, Eier und Fleisch. Diese Entwicklung vollzog sich im halleschen Raum etwa 5000 v. Chr. Spuren der steinzeitlichen Besiedlung sind auf dem Galgenberg nachweisbar. Drei Jahrtausende später gelang es dann, aus Kupfer und Zinn Bronze und damit effizientere Werkzeuge und Waffen herzustellen. Prähistorische Befestigungsanlagen der aus dieser Zeit stammenden Baalberger und Bernburger Kulturen wurden in der Dölauer Heide und in den Brandbergen gefunden. Aus dieser Zeit stammen auch die ältesten Zeugnisse für die Salzgewinnung.

Wissenschaftlich aufgearbeitet und anschaulich präsentiert werden die Zeugnisse der archäologischen Geschichte im mitteldeutschen Raum im Landesmuseum für Vorgeschichte in Halle. Weltweite Berühmtheit erlangte das Museum durch die frühbronzezeitliche Himmelsscheibe von Nebra, einen der wohl spektakulärsten Funde in der Geschichte der Archäologie und seit 2013 UNESCO-Weltdokumentenerbe. Die Himmelsscheibe war 1999 von Raubgräbern zusammen mit Begleitfunden ausgegraben worden. Diese hielten die Scheibe zunächst für ein Schild und verkauften den gesamten Hortfund auf dem Schwarzmarkt. Die Funde wurden mehrfach weiterverkauft, waren jedoch für den seriösen Kunsthandel wertlos, da sie dem Land Sachsen-Anhalt gehörten. Der hallesche Landesarchäologe Harald Meller traf sich im Februar 2002 als vermeintlicher Kaufinteressent in einem Hotel in Basel mit den Hehlern. Durch Zugriff der Kriminalpolizei wurden die Funde sichergestellt. Der Wert der Himmelsscheibe ist unschätzbar, ihr Versicherungswert lag 2006 bei 100 Millionen Euro. Die Altersbestimmung der Himmelsscheibe ist einer der Kernpunkte der wissenschaftlichen Betrachtungen und führt immer wieder zu Kontroversen unter den Fachleuten. Durch Radioaktivitätsmessungen kann ausgeschlossen werden, dass es sich um Bronze jüngeren Alters und somit um eine Fälschung handelt. Die genauere Altersbestimmung

Himmelsscheibe von Nebra.

erfolgte indirekt über die Beifunde – Schwerter, Beile, Meißel und Armspiralen. Die Form der gemeinsam mit der Himmelsscheibe gefundenen Werkzeuge und Waffen ist typisch für das Ende der Frühbronzezeit um etwa 1.600 v. Chr. In den Schwertgriffen fanden sich Reste von Birkenrinde. Deren Alter konnte mit der Radiokarbonmethode recht genau auf etwa 1.500 v. Chr. bestimmt werden. Das Alter der Himmelsscheibe wird somit auf 3.700 bis 4.000 Jahre geschätzt.

Wissenschaftlichen Interpretationen nach zeigt die Scheibe den Sternhaufen der Plejaden. Die große Scheibe wird als Vollmond und die Sichel als zunehmender Mond betrachtet. Die später hinzugefügten Horizontbögen sollen die Winter- und Sommersonnenwende am Breitengrad des Fundorts markieren.

3 Ad locum, qui vocatur Halla
Giebichenstein und Halle

Die Franken wählten bereits im 9. Jahrhundert Magdeburg und Halle aus strategischen Gründen als militärische Hauptstützpunkte an ihrer östlichen Reichsgrenze aus, die Stadt wurde zum ersten Mal urkundlich erwähnt. Otto I. schenkte 961 dann die Burg Giebichenstein und das umliegende Territorium an das Magdeburger Moritzkloster, eine Jahrhunderte währende Rivalität zwischen Giebichenstein und Halle begann.

In der „Chronicon Moissiacense" heißt es: „In orientalem partem Salae, ad locum, qui vocatur halla". Am östlichen Ufer der Saale bei einem Ort, der Halle genannt wird, wurde demnach durch den fränkischen Kaiser Karl ein Kastell errichtet. Auf dieser Quelle beruht die 1.200-Jahr-Feier der Stadt Halle, die 2006 begangen wurde. Die Lage des Kastells ist umstritten, wird jedoch nach einhelliger Meinung der Historiker auf dem heutigen Domplatz verortet.

961 schenkte dann König Otto I. den nach einem sorbischen Volksstamm

genannten Gau Neletici an das Moritzkloster in Magdeburg. In dieser Urkunde werden der Burgward Giebichenstein sowie die Salzquellen erstmals urkundlich benannt. Darauf basierend wurde 1961 in einer Festwoche mit einem großen Umzug die 1.000-Jahr-Feier der Stadt begangen.

Die Magdeburger Erzbischöfe erwählten die Burg Giebichenstein zu ihrer Residenz und versuchten über Jahrhunderte, von hier aus die aufstrebende südlich gelegene Salzstadt Halle zu beherrschen. Die damalige Burganlage, von der keine Relikte mehr erhalten sind, befand sich wohl im Bereich des heutigen Amtsgartens. Der Giebichenstein diente Kaiser Heinrich II. im 12. Jahrhundert als Staatsgefängnis für Mitglieder des Hochadels. Der Sage nach war auch der Thüringer Landgraf Ludwig der Springer, Stammvater der Ludowinger, auf dem Giebichenstein inhaftiert, worauf die Sage von der Flucht Ludwigs durch einen kühnen Sprung in die Saale basiert. Friedrich I. Barbarossa berief 1175 die Fürstenversammlung auf der Burg Giebichenstein ein, bezeichnend für die damaligen Bedeutung der Burg im Reich.

Die Anlage der heutigen Oberburg auf dem exponierten Porphyrfelsen wurde erst im 12. und 13. Jahrhundert unter Erzbischof Wichmann errichtet. Der beeindruckendste Bau war der Palas an der Nordseite mit seinem Arkadengang. Von 1382 an war die Burg dann Hauptresidenz der Erzbischöfe von Magdeburg, die zwischen 1445 bis 1464 die Anlage um die Unterburg erweiterten.

Mit dem Umzug von Erzbischof Ernst von Sachsen in die Moritzburg unmittelbar vor den Toren der Stadt Halle verlor die Burg Giebichenstein schlagartig ihre Funktion als Residenz und damit ihre Bedeutung. Sie diente fortan bis zum 19. Jahrhundert als Verwaltungssitz des Amtes Giebichenstein mit seinen mehr als 50 Saalkreisdörfern und den Amtsstätten Glaucha und Neumarkt.

Nach dem Auszug der Erzbischöfe verfiel im 16. Jahrhundert die Oberburg. Im Dreißigjährigen Krieg besetzten schwedische Truppen die Burg, die 1637 fast vollständig ausbrannte. Steine von hier nutzten später die Giebichensteiner als Baumaterial, sie verschonten nur den Burgturm, da dieser die weithin sichtbare Uhr trug.

1921/22 richtete die Stadt Halle in der Unterburg eine Kunstgewerbeschule ein, die heutige Burg Giebichenstein Kunsthochschule Halle. Seit 1961 wird die Oberburg als Freilichtmuseum genutzt.

Giebichenstein vor der Zerstörung im Dreißigjährigen Krieg.

4 Zu Unrecht fast vergessen
Kloster Neuwerk

Das romanische Kloster Neuwerk mit seinen vier Türmen hoch über dem Saaleufer prägte als markantes Wahrzeichen bis 1530 die Silhouette der Stadt Halle. Vom einst monumentalen Sakralbauwerk des Mittelalters ist mit Ausnahme eines Probstsiegels heute keine bildliche Darstellung mehr erhalten, selbst die genaue Lage des Klosters war den Historikern lange unbekannt.

Zu Beginn des 12. Jahrhunderts entwickelte sich Halle, bedingt durch seine wertvollen Salzquellen, zu einer wohlhabenden Stadt im Erzbistum Magdeburg. Zur Konsolidierung der geistlichen Macht wurde 1116 nördlich der Stadt Halle das Kloster Neuwerk mit seiner dreischiffigen kreuzförmigen Basilika als Augustiner-Chorherrenstift gegründet. Das Kloster übernahm bald die geistliche und kulturelle Führung im gesamten Südterritorium des Erzbistums Magdeburg, dessen Klöster, Kirchen und Kapellen ihm unterstellt waren. Die Augustiner-Chorherren waren nicht nur mit umfangreichem Besitz an Land, Mühlen und Pfarrrechten ausgestattet, sondern besaßen auch Markt- und Zollrechte. Die Kinder reicher Bürger wurden zum Unterricht in das Kloster entsandt. Das Kloster besaß mit dem Prior Lambert von Neuwerk sogar einen eigenen Heiligen.

Unweit des Klosters Neuwerk entwickelte sich die Siedlung Neumarkt mit der Pfarrkirche St. Laurentius, die von Handwerkern und ärmeren Bevölkerungsschichten besiedelt wurde.

Das Ende des Klosters Neuwerk leitete Kardinal Albrecht von Brandenburg (1490–1545) ein. Albrecht versuchte, sämtliche Macht auf sein 1521 gegründetes Neues Stift zu konzentrieren. Das Neue Stift übernahm bald die Verwaltungs- und Gerichtsfunktion des Klosters Neuwerk, das dadurch bedeutungslos wurde. Hinzu kam die sich in Halle ausbreitende Reformation, die zur Auflösung vieler Klöster führte. 1528 übergab der letzte Probst das Kloster Neuwerk an Kardinal Albrecht. 1531 wurde die letzte Messe gesungen und das Kloster aufgelöst. Sämtliche Befugnisse, Kunstschätze und der gesamte Grundbesitz wurden auf Albrechts Neues Stift übertragen. Die Basilika und fast alle Gebäude des Klosters wurden abgetragen, das Baumaterial wurde zum großen Teil für die Errichtung der Neuen Residenz verwendet.

Ehemaliger Standort des Klosters Neuwerk, heute Botanischer Garten der Martin-Luther-Universität mit Sternwarte und Großem Tropenhaus.

Bereits die Augustinermönche unterhielten Gärten, in denen nicht nur Gemüse und Obst, sondern auch Heilkräuter wuchsen. Der Klostergarten am Saalehang diente Albrecht nach dem Schleifen des Klosters als „fürstlicher Küchengarten". Kurz nach der Gründung der halleschen Universität 1694 wurde dort zunächst ein Arzneigarten angelegt, aus dem sich der Botanische Garten entwickelte. Der Botanische Garten hat heute eine Fläche von rund 4,5 Hektar und ist Teil des touristischen Netzwerks „Gartenträume" in Sachsen-Anhalt.

Das Kloster Neuwerk wurde historisch, denkmalpflegerisch und archäologisch fast vergessen. Im Zusammenhang mit dem Neubau des Herbariums des Botanischen Gartens wurden 2020 Teile des Fundamentes der südlichen Seitenapsis und die Hauptapsis des Klosters Neuwerk wiederentdeckt, sodass nunmehr die Lage des Klosters bekannt ist. Bis zu diesem Zeitpunkt hatte man sie weiter westlich verortet.

Heute erinnert nur noch die Straße Neuwerk an das einstige bedeutende Kloster Neuwerk. Sie war zu Beginn des 20. Jahrhunderts entlang des Abwasserhauptsammlers angelegt worden, um die Geiststraße für den nach Norden ausgehenden Verkehr zu entlasten.

5 Salz für die Hanse
Eine einst reiche und stolze Stadt im Mittelalter

Die Salzproduktion machte Halle im Mittelalter zu einer reichen Stadt und zum Mitglied der Hanse. Den jahrzehntelangen Streit in der halleschen Bürgerschaft zwischen den Pfännern und den Handwerkerinnungen nutzte der Erzbischof Ernst von Wettin 1478 und beendete den Traum von der freien Reichsstadt.

Zu Beginn des 12. Jahrhunderts erreichte die Salzproduktion ihre erste Blüte, Halle wurde nach Magdeburg zur bedeutendsten Stadt im Erzbistum. 1150 ging das Münzrecht von Giebichenstein an Halle über, ein Zeichen der wachsenden Bedeutung der Stadt. In dieser Zeit erhielt die Altstadt ihre bis heute im Wesentlichen noch vorhandene Grundrissgestalt.

Zunächst lag das Zentrum am Alten Markt, nahe der hier gelegenen Saalefurt. Die Stadt war zu dieser Zeit eine weiträumige Siedlungslandschaft, die sich erst nach und nach zunächst im südlichen Teil verdichtete.

Die Erzbischöfe residierten im benachbarten Giebichenstein. Ihre Statthalter waren die Burggrafen. Große Bedeutung für die Entwicklung der Stadt hatte der von 1118 bis 1124 amtierende Burggraf Wiprecht von Groitzsch. Er ließ das gesamte heutige Altstadtgebiet durch einen mächtigen Mauerring umfassen, der viel größer als das damalige Stadtgebiet war und zahlreiche versprengte Ritterhöfe und die Hütten der Salzsieder einschloss. In der Folge wurden im unbebauten Terrain Baublöcke abgesteckt und an Siedler vergeben. Die geschwungenen Straßenverläufe, die sich durch die Umgehung der bestehenden Höfe sowie damals nicht bebaubare Sumpfgebiete ergeben hatten, sind bis heute erhalten geblieben (Schmeerstraße, Große Ulrichstraße, Große Klausstraße, Rannische Straße). Im späteren Verlauf wurde die Stadtbefestigung als dreifach gestaffelte Wehranlage mit Graben und fast 40 Türmen ausgebaut. Der Mitte des 15. Jahrhunderts errichtete 44 Meter hohe Leipziger Turm war Teil dieser Befestigungsanlage.

Im 12. Jahrhundert verlagerte sich zunehmend das Zentrum zum heutigen Marktplatz. Mit dem Bau der westlich des Marktplatzes gelegenen Hohen Brücke verlor der Alte Markt endgültig an Bedeutung. Dank des wirtschaftlichen Aufstiegs in den folgenden Jahrhunderten gelangte die hallesche Bürgerschaft zu immer größerer Unabhängigkeit gegenüber dem Erzbischof. Ab der zweiten Hälfte des 13. Jahrhunderts bestimmte die Salzjunkeraristokratie die hallesche Stadtpolitik, gleichzeitig bildeten sich große Handwerkerinnungen aus. Ab 1316 wurde jährlich ein Rat in der Stadt gewählt, zeitgleich entstand das Rathaus am Markt.

Geradezu folgerichtig erscheint der Beitritt der Stadt Halle zur Hanse um 1280, wenngleich die Stadt in der Hanse

Leipziger Turm, einziger erhaltener Turm der ehemaligen Befestigungsanlage der Stadt.

keine herausragende Bedeutung besaß. Erzbischof Ernst von Wettin erzwang 1478 den Austritt Halles aus dem Städtebund. Noch immer prangt jedoch das hallesche Wappen im großen Festsaal des Neuen Hamburger Rathauses in der Reihe der 62 Hansestädte des Mittelalters.

Der 1418 begonnene Bau des Roten Turmes als Machtsymbol der Bürgerschaft fiel bereits in eine Etappe zunehmender innerer Konflikte zwischen der Salzaristokratie und den Handwerkerinnungen, die um Macht und Einfluss in der Stadt stritten. Diese immer erbitterter geführte Auseinandersetzung machte sich schließlich der Magdeburger Erzbischof 1478 zunutze. Mit der Besetzung übernahm er die Kontrolle über die Stadt und machte damit alle Bestrebungen hin zu einer freien Reichsstadt zunichte. Mit dem Bau der Moritzburg, mit dem laut Beschluss des Calber Landtages „Gehorsam, Unterwürfigkeit und Ruhe“ wiederhergestellt werden sollten, wurde Halle am Übergang zwischen Mittelalter und Neuzeit nun zur Residenzstadt.

6 Das weiße Gold
Die altehrwürdigen Halloren

Wohl jeder Hallenser kennt die Halloren – als Fischerstecher beim Laternenfest, Personen mit ihren Trachten bei Stadtfesten und aus dem Halloren- und Salinemuseum. Wer aber waren die Halloren, deren alte Traditionen die Zeit bis heute überdauert haben?

Seit dem frühen Mittelalter wurde die hallesche Sole aus vier Brunnen gefördert, dem Gutjahrbrunnen, dem Deutschen Born, dem Meteritzbrunnen und dem Hackeborn. Die Brunnen befanden sich im „Thal", im Bereich des heutigen Hallmarktes. Salz war damals als Lebens- und als Konservierungsmittel eine begehrte Handelsware. Zunächst lagen die Erträge der Salzproduktion allein beim Landesherrn, dem Magdeburger Erzbischof. Ab Mitte des 12. Jahrhunderts gelang dann den städtischen Salzkaufleuten – den Pfännern – die Umwandlung von Lehnsanteilen in freies Eigentum, sie gelangten so zu enormem Reichtum. Im 14. Jahrhundert war die hallesche Saline nach Lüneburg der zweitgrößte mitteleuropäische Salzproduzent. Die Pfänner beherrschten den Rat der Stadt, bis ihr Einfluss im 15. Jahrhundert schließlich schwand und die Geschicke der Stadt fortan durch die Handwerkerinnungen gelenkt wurden.

Bereits im Mittelalter waren die Produktionsabläufe der halleschen Salzgewinnung durch ein erstaunlich hohes Maß an Arbeitsteilung und Spezialisierung geprägt. An den vier Solebrunnen arbeiteten die Bronknechte, die die Sole aus den Brunnen schöpften und zu den Siedehütten transportierten.

Streng getrennt von der Arbeit der Bornknechte erfolgte das Salzsieden in den Siedehütten oder Koten. Bei der Sole handelte es sich um Grundwasser, in dem große Mengen an Kochsalz gelöst waren. Das Wasser musste so lange erhitzt werden, bis das Salz ausfiel und abgeschöpft werden konnte. Auf dem Gelände des heutigen Hallmarkts befanden sich unzählige kleine Siedehütten aus Fachwerk, in denen in eisernen Pfannen das Salz gewonnen wurde. Die Kunst des Salzsiedens bestand v.a. darin, die enthaltenen Verunreinigungen durch Beimischungen von Rinderblut oder Bier zu beseitigen.

Die Arbeiter in den Siedehütten waren seit jeher eine „eingeschworene Gemeinschaft" und vereinigten sich 1524 im Zuge eines Streikes zur „Salzwirkerbrüderschaft im Thale zu Halle". Die Salzwirker waren aus heutiger Sicht hochspezialisierte Facharbeiter und hatten dadurch einen besonderen sozialen Rang. Hinzu kam, dass die Thalleute an harte, straff organisierte Arbeit gewöhnt waren und so bei Katastrophen wie Hochwasser und Feuer an vorderster Front kämpften. Derartige Einsätze verstärkten ihre Sonderstellung und brachten ihnen eine Reihe von Privilegien ein. Zu den einträglichsten Nebenbeschäftigungen gehörten

Salinemuseum mit Uhrenhaus und Salzmagazin aus dem 18. Jahrhundert.

die Jagd auf Lerchen, die damals in Butter konserviert als Delikatessen galten, der Fischfang und der Schwimmunterricht.

Umgangssprachlich wurden die Salzwirker damals als Halloren („Hallleute") bezeichnet. Heute wird dieser Begriff vorrangig für die Mitglieder der Salzwirkerbrüderschaft verwendet.

1721 wurde durch den Kurfürsten Friedrich Wilhelm abseits der vier Solbrunnen am Hallmarkt ein neuer Tiefbrunnen geteuft und die königliche Saline in Betrieb genommen, in der heute das Halloren- und Salinemuseum eingerichtet ist. Die königliche Saline konnte weitaus billiger als die pfännerschaftlichen Salinen mit ihren über hundert kleinen Salinekoten produzieren. Viele Salzwirker versuchten daher, in anderen Berufen unterzukommen. Die altehrwürdige Salzwirkerbrüderschaft, mithin die Halloren, überdauerte jedoch die Zeit und nimmt bis heute eine geachtete Stellung im Leben der Stadt Halle ein.

7 Stadt der fünf Türme

Einer der schönsten Marktplätze Deutschlands

Die zwei Turmpaare der Marktkirche, dazu der frei stehende Rote Turm – diese deutschlandweit einmalige Silhouette prägt seit über 470 Jahren nicht nur den halleschen Marktplatz, sondern gilt als das Markenzeichen der Stadt Halle.

Anders als in vielen anderen Städten mit mittelalterlichem Kern bildet der hallesche Marktplatz auch heute noch das zentrale städtische Zentrum als Nahverkehrsknotenpunkt, als Handelsplatz, Sitz der Verwaltung, kirchliches Zentrum und öffentlicher Versammlungsort. Er gehört heute zu den größten und schönsten Marktplätzen Deutschlands.

In den Anfängen der Stadtgeschichte lag er vor den Toren der Stadt. Erst mit der Stadterweiterung um 1120 löste der heutige Marktplatz den Alten Markt als neues städtisches Zentrum ab. Im westlichen Teil des heutigen Platzes befanden sich die Kirche St. Marien und ein Friedhof. Die übrige Bebauung bestand aus Bürgerhäusern und einer großen Zahl von einfachen Verkaufsbuden, jeder Quadratmeter wurde hier genutzt. Im Osten befand sich das Rathaus. Ausdruck des Wohlstands des halleschen Bürgertums im 15. Jahrhundert war die Errichtung des Roten Turms zwischen 1418 und 1506.

Eine tiefgreifende Umgestaltung erfuhr der Marktplatz zu Kardinal Albrechts Zeiten in der ersten Hälfte des 16. Jahrhunderts. Die Kirchen St. Marien und St. Gertruden wurden mit Ausnahme der beiden Turmpaare abgerissen und zwischen beiden die Marktkirche errichtet. Der Friedhof der Marienkirche wurde auf den Stadtgottesacker vor die Tore der Stadt verlegt. Damit wurde der Marktplatz nach Westen erweitert und erreichte hier seine heutige Gestalt. Das Rathaus wurde im damals modernen Stil der Renaissance umgestaltet. Von den mittelalterlichen Bürgerhäusern am Marktplatz ist heute leider keines mehr vorhanden. Zeugen der Frührenaissance sind noch der Stadtpalast am Kühlen Brunnen (Markt 15 und 16) und das Marktschlösschen. Alle weiteren Gebäude aus der damaligen Zeit mussten im Zuge des Baubooms in der Gründerzeit weichen.

Im 19. Jahrhundert wurde Halle innerhalb kurzer Zeit zur Großstadt. Das entfesselte Wachstum machte auch am Marktplatz nicht halt. In diesem Prozess wurde der bauliche Maßstab der historisch gewachsenen Altstadt gesprengt. Zufahrtsstraßen zum Marktplatz wurden verbreitert und auf die neuen Verkehrsbedürfnisse zugeschnitten, zahlreiche historische Bürgerhäuser wurden durch viergeschossige Wohn- und Geschäftshäuser, Bankgebäude und das neue Stadthaus ersetzt. Zwischen 1928 und 1930 wurden dem damaligen Zeitgeist folgend zwei Großkaufhäuser im Stil der Neuen Sachlichkeit erbaut. Hinter dem

Der Hallesche Marktplatz mit Gertrudenkirche, Marienkirche und dem Roten Turm um 1500.

aus dem 12. Jahrhundert stammenden historischen Rathaus mit seinen beiden Flügeln wurde ein moderner Funktionsbau errichtet. Dieser trat jedoch für die Hallenser kaum in Erscheinung, da sie ihn nur über den Innenhof des Rathauses betreten konnten.

Nachdem das Rathaus und das benachbarte Waagegebäude, ehemals Sitz der halleschen Universität, im Zweiten Weltkrieg starke Zerstörungen erlitten hatten, wurde der gesamte Gebäudekomplex bis 1952 vollständig abgerissen. Die Ostseite des Marktplatzes wurde damit deutlich vergrößert und der Ratshof bildet seitdem die östliche Begrenzung.

Nach 1990 wurde – von vielen kontrovers diskutiert – die Nordostecke des Marktplatzes durch den Neubau eines Kaufhauses anders gestaltet. Die Stiftung Altes Rathaus Halle (Saale) setzt sich seit Jahren für die Rekonstruktion des historischen Rathauses und damit auch für die Wiederherstellung der ursprünglichen Proportionen des halleschen Marktplatzes ein.

8 Auferstanden aus Ruinen
Die Moritzburg

Einst als Zwingburg zur Unterwerfung der halleschen Bürgerschaft errichtet, war die Moritzburg im 16. Jahrhundert glanzvolle Residenz von Kardinal Albrecht. Um 1900 war die Burg praktisch verloren, heute erstrahlt sie als bedeutendes Kunstmuseum in neuem Glanz.

Die zunehmenden Konflikte zwischen den Pfännern und den Handwerkerinnungen nutzte Erzbischof Ernst von Wettin 1478 und besetzte die Stadt. Als äußeres Zeichen seiner Macht verlegte er seine Residenz von Giebichenstein nach Halle und begann 1484 mit der Errichtung der Moritzburg als massiver Zwingburg im spätgotischen Stil.

Unter seinem Nachfolger Albrecht von Brandenburg erhielt die Moritzburg eine prunkvolle Ausstattung mit wertvollen

Moritzburg um 1900.

Teppichen, Wandmalereien und Gemälden großer Künstler der Zeit, darunter Lucas Cranach, Matthias Grünewald und Albrecht Dürer. Nachdem der Kardinal Halle im Jahr 1541 verlassen musste, blieb die Moritzburg für einige Jahre noch Residenz der erzbischöflichen Administratoren.

Verheerende Auswirkungen für die Moritzburg hatte der Dreißigjährige Krieg. In den Kriegswirren wurden 1637 weite Teile der Burganlage durch eine Feuersbrunst vernichtet. 1639 schließlich sprengten sächsische Truppen die südwestliche Bastion, um die schwedischen Besatzer zum Aufgeben zu bewegen. Nach dem Krieg war nicht nur die einst prächtige Burg, sondern die gesamte Stadt Halle ein Schatten ihrer selbst. Ein rapider Niedergang der Burg setzte sich in den folgenden Jahrhunderten fort. Im 18. Jahrhundert unter preußischer Herrschaft wurde sie als Kaserne und später als Lazarett, die Gewölbe als Bierkeller genutzt. Die Maria-Magdalenen-Kapelle diente als Lagerhalle.

Ende des 19. Jahrhunderts war die Burg praktisch verloren, der Verfall nahm immer bedrohlichere Züge an. 1898 erwarb die Stadt Halle die Moritzburg vom preußischen Staat. Durch Spenden wurden in den folgenden 15 Jahren der südliche Wehrgang, der Torturm und die Südbastion für das Städtische Kunstmuseum neu errichtet.

Beim Abriss des ehemaligen Salzviertels am heutigen Hallmarkt 1882 bewahrte man über 20 Jahre lang die wertvolle Innenausstattung des Talamts, einst Gerichts- und Verwaltungsgebäude der Pfänner, in der Hoffnung auf, diese irgendwann einmal in einem Museum zeigen zu können. Dem damaligen Zeitgeist folgend wurde schließlich im Südflügel der Moritzburg eine Replik dieses Talamts gebaut, in dem die Ausstattung der Gerichts- und Festzimmer untergebracht wurde.

Unter dem ersten Museumsdirektor Max Sauerlandt betrieb man in den folgenden Jahren erfolgreich die Erweiterung des Museumskomplexes, sodass die Kunstsammlung der Moritzburg bereits in den 1920er-Jahren in die erste Liga der Museumswelt rückte. Sauerlandt wandte sich trotz zahlreicher Anfeindungen der damals noch jungen expressionistischen Kunst zu, zwischen 1929 und 1931 schuf Lyonel Feininger im Auftrag der Stadt im Torturm der Moritzburg die Reihe seiner heute weltberühmten Halle-Bilder. In der Zeit des Nationalsozialismus stoppte die Museumsentwicklung jäh, die Sammlung wurde auseinandergerissen und teilweise zerstört.

In der Nachkriegszeit versuchte man an die Blüte vor 1933 anzuknüpfen und holte zahlreiche Werke der klassischen Moderne ins Haus zurück. Der Westflügel der Burg hatte seit dem Dreißigjährigen Krieg lange als Ruine ein trauriges Dasein gefristet. Gemeinsam mit dem Nordflügel wurde hier 2008 ein postmoderner Erweiterungsbau mit futuristischer Aluminium-Dach-Konstruktion eröffnet, der heute das Kunstmuseum Moritzburg beherbergt.

9 Luthers härtester Gegenspieler

Kardinal Albrecht – ein Geist voller Widersprüche

Kardinal Albrecht von Brandenburg (1490–1545) war einst der mächtigste deutsche Fürst nach dem Kaiser und erkor Halle zu seiner Residenz. Sein übersteigerter Geltungsdrang wurde ihm schließlich zum Verhängnis, sodass er 1541 Halle verbittert und für immer den Rücken kehrte.

Ab 1415 beherrschte das Haus Hohenzollern das Kurfürstentum Brandenburg und baute seine Machtposition nach und nach aus. Nach dem Tod des Magdeburger Erzbischofs Ernst von Sachsen nutzten die Hohenzollern die Gunst der Stunde, um ihre Machtposition auf das benachbarte Erzbistum auszuweiten. Dazu trat Albrecht in den Geistlichen Stand ein und wurde 1513 zum Erzbischof von Magdeburg erhoben. Ein Jahr später wurde er zudem Erzbischof von Mainz und 1518 schließlich Kardinal. Er besaß damit ebenso wie sein älterer Bruder in Berlin die Kurfürstenwürde, wurde zum mächtigsten Fürsten nach dem Kaiser und zum ranghöchsten geistigen Würdenträger nach dem Papst in Rom. Er erkor Halle schon bald als seine Lieblingsresidenz.

Albrechts Persönlichkeit und sein Wirken in Halle waren von Widersprüchen geprägt. Durch seine Erziehung war er durchaus vom Geiste des Humanismus und von Toleranz geprägt. So holte er Ulrich von Hutten an seinen Hof nach Halle und nutzte geschickt die Mittel der Diplomatie. Sein ins maßlose übersteigerter Geltungsdrang jedoch kam ihn teuer zu stehen, sodass er seine Ideale mehr und mehr der Geldbeschaffung unterordnete. Seine Ämterhäufung entsprach ganz und gar nicht den Regeln und musste daher durch päpstlichen Dispens, also eine Bewilligung, teuer erkauft werden. Albrecht häufte so bereits zu Beginn seines Wirkens einen enormen Schuldenberg an. Er verabredete mit Papst Leo X. daraufhin einen besonderen Ablass, der zur Hälfte für Albrecht bestimmt war.

Der Ablasshandel, der auf Aberglaube und Unwissenheit des Volkes fußte, entsprach jedoch so gar nicht dem Ideal des aufgeklärten Denkens, und veranlasste Martin Luther, seine 95 Thesen gegen den Ablasshandel zu publizieren – der Auslöser der Reformation. Nicht zuletzt in Sorge um seine Geldquelle ging Albrecht mit strengen Maßnahmen gegen die Reformation vor und schreckte dabei auch vor Gewalttaten nicht zurück.

Sein wichtigstes Projekt in Halle war das Neue Stift, eine 1520 gegründete geistige Bildungseinrichtung, für die er in den folgenden 15 Jahren unzählbare Kunstschätze anhäufte, die als „Hallesches Heiltum“ bekannt wurden. Um sein Neues Stift zu erweitern, baute er in der Nähe das schlichte Gotteshaus der Dominikaner im Stile der Frührenaissance um und erschuf so den halleschen Dom. Auch aufgrund der heute kaum mehr vorstellbaren

Kardinal Albrecht nach einem Kupferstich von Albrecht Dürer.

prächtigen Innenausstattung galt dieser seinerzeit als eines der bedeutendsten Sakralbauwerke in Deutschland. Seinem Repräsentationsdrang folgend ließ der Kardinal 1531 südlich des Doms das städtische Hospital abreißen und einen vierflügeligen Gebäudekomplex als luxuriöses Wohnschloss mit Bibliothek und pompös ausgestattetem „Lustbad" errichten. Der damalige Glanz der Neuen Residenz mit ihrem arkadengezierten Innenhof ist heute kaum noch zu erahnen.

Sein Verhältnis zur halleschen Bürgerschaft, die sich trotz Verbots fast vollständig zur Reformation bekannte, verschlechterte sich im Laufe der Jahre zusehends. Versiegende Geldquellen, aber auch das wachsende Misstrauen im eigenen Lager führten schließlich zum Bankrott des halleschen Fürsten. Als Gegenleistung zur Übernahme seines enormen Schuldenberges durch die Stände verpflichtete sich Albrecht sein Neues Stift aufzulösen und die Reformation in Halle anzuerkennen. Er kehrte daraufhin 1541 der Stadt den Rücken und ließ den Großteil seiner Kunstschätze ins kurmainzische Aschaffenburg bringen. Er verstarb 1545 als gebrochener Kardinal auf der Martinsburg zu Mainz.

10 Aus zwei mach eins
Die Marktkirche

Die Marktkirche Unser Lieben Frauen prägt seit fast einem halben Jahrtausend die Silhouette der Stadt. Sie ist mit ihrer einzigartigen Baugeschichte Spiegelbild des Übergangs vom Mittelalter in die Neuzeit der halleschen Stadtgeschichte.

Ursprünglich befanden sich am halleschen Markt zwei kleine Basiliken: die 1121 erstmals erwähnte St. Gertruden, das Gotteshaus des im „Thale" gelegenen Salinebezirks, und die fast in gleicher Bauflucht gelegene St. Marien, Gotteshaus der „Bergstadt".

Die heutigen blauen Westtürme gehörten einst zu St. Gertruden. Die Hausmannstürme im Osten waren Bestandteil von St. Marien, deren Schiff sich damals östlich der Türme erstreckte. Die Untergeschosse beider Türme weisen noch heute auf die romanischen Wurzeln dieser Kirchen.

1528 bestand in der Stadt ein vielschichtiges Spannungsfeld. Neben Kardinal Albrecht rangen auch innerhalb der halleschen Bürgerschaft die verschiedenen Akteure um Macht und Einfluss. Die Salzaristokratie war Ende des 15. Jahrhunderts bereits weitgehend zurückgedrängt. Im halleschen Rat zog sich ein tiefer Graben zwischen den „Altgläubigen" und den Anhängern der Reformation. Auf Initiative des Altgläubigen Rates beschloss man Ende 1528, die beiden Kirchenschiffe von St. Gertruden und St. Marien abzutragen und zwischen den beiden Türmen eine neue große dreischiffige Kirchenhalle einzuziehen. Ursprünglich sollte durch den Bau dieser repräsentativen Kirche wohl auch der zunehmende lutherische Einfluss an zentraler Stelle zurückgedrängt werden. Aus städtebaulicher Sicht sollte durch den baulichen Zusammenschluss der Kirchen und durch die Verlegung der Friedhöfe auf den Martinsberg der hallesche Marktplatz in Richtung Westen geöffnet werden, um damit dem Zeitgeist der aufkommenden Renaissance Rechnung zu tragen.

Der hallesche Rat beauftragte Caspar Krafft mit dem Erstellen der Entwürfe und der Bauleitung für dieses ambitionierte Bauvorhaben. Begonnen wurde 1529 mit dem Abbruch von St. Marien. 1540 geriet der Bau durch den Tod von Krafft und den Rückzug von Kardinal Albrecht ins Stocken. Die in die Geschichtsbücher eingegangene Karfreitagspredigt 1541 von Justus Jonas, mit der die Reformation in Halle offiziell eingeführt wurde, fand daher auf einer Baustelle statt.

1542 wurden die Arbeiten nunmehr unter der Leitung von Nickel Hoffmann fortgeführt und bis 1554 abgeschlossen. Zur Erhöhung der Repräsentationswirkung wurden die spätromanischen achteckigen Osttürme um je zwei Geschosse erhöht, die Türme mit einer Brücke verbunden und mit welschen Hauben bekrönt.

Der wertvolle Flügelaltar der Marktkirche wurde 1529 von Simon Franck, einem Schüler vom Lucas Cranach d.Ä., für Albrechts Neues Stift ganz im Zeichen des Katholizismus geschaffen. Auf der Mitteltafel kniet im roten Gewand Kardinal Albrecht betend vor Maria. Vermutlich während der Auflösung des Neuen Stiftes

Blick zum Altar der Marktkirche.

1541 wurde der Altar dann in die Marktkirche überführt.

1664 wurde von Georg Reichel die Orgel auf der Ostempore erbaut, heute eine der ältesten Orgeln Mitteldeutschlands. Wahrscheinlich hat auch Georg Friedrich Händel auf dieser Orgel spielen gelernt.

Die Marktkirche hat in ihrer Geschichte keine größeren Veränderungen in ihrer äußeren und inneren Gestalt erfahren. Die Schäden eines Bombentreffers 1945 konnten glücklicherweise schnell behoben werden, sodass die Kirche heute das Erscheinungsbild des 16. Jahrhunderts vermittelt.

11 Rätselhafter Justizmord
Das Stadtpalais Kühler Brunnen

Die Nordwestecke des Marktplatzes wird noch bis heute von jahrhundertealten Häusern geprägt. Einen besonderen Hinweis gibt es dazu z.B. am Eingang zur Gasse Kühler Brunnen. Die Jahreszahl „1512" ist am heutigen Haus Marktplatz 15 vermerkt und beim Blick in die Höhe ist eine frei stehende spätgotische Giebelwand zu sehen. Doch was hat es mit dem Kühlen Brunnen auf sich?

Am Ende der Gasse Kühler Brunnen ist ein mehrgeschossiges Haus mit Erker und Rundbogengiebel zu sehen, welches bedauerlicherweise immer noch unsaniert ist. Die wenigsten vermuten heute hinter der Häuserfassade des Marktplatzes 15/16 ein hochbedeutendes Bauwerk der Frührenaissance – dabei handelt es sich um das Stadtpalais von Hans von Schönitz.

Der einstige Besitzer Hans von Schönitz war Kämmerer und erfolgreicher Kaufmann, der schnell das Vertrauen des Kardinals Albrecht von Brandenburg erlangte. Dieser erkannte in ihm seine besonderen kaufmännischen Fähigkeiten und bestellte den jungen Mann 1528 zum obersten Kämmerer und Bauarchitekten von Halle. Er übertrug ihm neben der Aufgabe, Waren und Geld zu beschaffen, auch die Verantwortung für den Bau der heutigen Neuen Residenz. Als Dank für seine Verdienste durfte er sich dann seinen eigenen repräsentativen Stadtpalast bauen.

Schönitz erwarb u.a. das Grundstück des ehemaligen Friedhofsgeländes der Lambertikapelle am Marktplatz und ließ sich dort ein Wohn- und Geschäftshaus erbauen. Der Gebäudekomplex erstreckte sich entlang der Gasse Kühler Brunnen bis zur Großen Nikolaistraße, umfasste zwei Innenhöfe sowie insgesamt acht Gebäude, die miteinander verbunden waren, und verschlang sagenhafte 20.000 Gulden. An der Ausstattung wirkten namhafte Künstler seiner Zeit mit, u.a. Matthias Grünewald, Lucas Cranach d.Ä. und seine Werkstatt oder der Altdorfer Schüler Conrad Faber von Kreuznach. Schönitz ließ sich von Kardinal Albrecht für sein prachtvolles Haus das Privileg des Weinschanks verleihen, um sich eine einträgliche Finanzquelle erschließen zu können. Die Stadträte protestierten jedoch heftig gegen dieses Ausschankprivileg, da es das Monopol des Rates gefährdete und beträchtliche Einbußen für die Stadt befürchtet wurden. Der Einspruch blieb allerdings ohne Erfolg, der Schönitz'sche Betrieb florierte bald und wurde zu einem der beliebtesten Weinlokale des Bürgertums.

Doch seine Freude an dem Palast währte nicht lange. Unter dem Vorwurf der Veruntreuung fiel Schönitz beim Kardinal in Ungnade. Am 21. Juni 1535 wurde er zum Tode verurteilt und am Galgen des Amtes Giebichenstein gehenkt. Der Prozess war von der scheinbaren Willkür des Kardinals geprägt und mündete in einem Justizskandal, der Einfluss auf die Reformation hatte. Viele Ungereimtheiten begleiteten zudem das

Reste des heutigen Kühlen Brunnens, dem ehemaligen Stadtpalais Hans von Schönitz'.

Gerichtsverfahren, in das sich auch Martin Luther einmischte. Es soll bei dem Prozess wohl mitgespielt haben, dass Schönitz sich mit der italienischen Geliebten des Kardinals amüsiert hatte. Letztendlich fand er für das Fehlen von 59.000 Gulden keine plausible Erklärung.

In den vergangenen Jahrhunderten erlebte der Palast eine wechselvolle Nutzungsgeschichte, die von tiefgreifenden Umbauten, Modernisierungen und Funktionsänderungen geprägt war. Im Laufe des 20. Jahrhundert verwahrloste der Komplex zunehmend, es erfolgten Teilabbrüche und am Ende der 1970er-Jahre drohte der komplette Abriss. Die Bedeutung dieses einmaligen Profanbaus des 16. Jahrhunderts erkannte das damalige Institut für Denkmalpflege, das mit umfangreichen Sicherungsmaßnahmen begann und die Gebäude zum Gesellschaftshaus des Verbandes der bildenden Künstler und Architekten inklusive Klubgaststätte ausbauen wollte. Doch die politische Wende 1989 brachte dieser Idee durch die Rückübertragung in Privateigentum und den getrennten Verkauf einzelner Gebäude an Immobilienunternehmen ein jähes Ende und der weitere Verfall setzt sich bis heute ungebremst fort. Konkrete Pläne zur weiteren Sanierung und Nutzung des Komplexes sind nicht bekannt.

12 Toskanisches Flair
Der Stadtgottesacker

Der Stadtgottesacker gilt als ein Meisterwerk der deutschen Renaissance im italienischen Stil und als eine der schönsten historischen Friedhofsanlagen in Deutschland. Er ist nicht nur einer der ältesten Friedhöfe der Stadt, sondern auch eine architektonische Besonderheit.

Die Renaissance-Anlage wurde im Stil eines italienischen Camposanto errichtet, einem hofartigen Friedhof mit nach innen offenem Bogengang, und verströmt so ein wenig toskanisches Flair in der Saalestadt. Seine Entstehung verdankt der Stadtgottesacker einer Anordnung von Kardinal Albrecht von Brandenburg und dem Rat der Stadt aus dem Jahr 1529, wonach innerhalb der Stadtmauer keine Toten mehr begraben werden durften. Ihre letzte Ruhe fanden sie nun auf dem alten Pestfriedhof auf dem Martinsberg vor den Toren der Stadt.

Zunächst befand sich hier die Martinskapelle, die jedoch abgerissen wurde. Ab 1557 wurde nach den Entwürfen Nickel Hoffmanns die Anlage errichtet. Der Stadtgottesacker war bis zum Jahr 1851 der bedeutendste städtische Begräbnisplatz. Daher erfuhren die bestehenden Grabmäler über die Epochen hinweg ihre Prägung. Immer wieder wurde die Anlage im Lauf der Jahrhunderte erweitert. Heute

Restaurierte Arkadenreihe mit Grabbögen.

Verwitterte alte Grabsteine im Innenbereich der Friedhofsanlage.

besteht der Friedhof aus einem Innenfeld mit vier Abteilungen und einer dieses umschließenden Grabbogenanlage.

1945 zerstörten Sprengbomben einen Teil der Anlage. In den folgenden Jahrzehnten verfiel der gesamte Stadtgottesacker zusehends. In den 1980er-Jahren war sein Zustand desaströs. Es gab jedoch zu dieser Zeit bereits erste Bemühungen zur Rettung des Friedhofs. Nach der Wende begannen der Wiederaufbau der zerstörten Anlage und die schrittweise bauliche Instandsetzung. Maßgeblich durch eine großzügige Privatspende von mehreren Millionen Euro gelang eine Rekonstruktion des gesamten Komplexes mit den 94 Grabbögen. Lange Zeit blieb die Spenderin anonym. Heute ist die 2012 verstorbene Dr. Marianne Witte, Tochter von Chemienobelpreisträger Professor Karl Ziegler (1898–1973), Ehrenbürgerin der Stadt Halle.

Bis heute findet man eine große Anzahl von Gräbern von Bürgern der Stadt, die die geistige, kulturelle und wirtschaftliche Entwicklung der Stadt geprägt haben. Zu den bekanntesten Persönlichkeiten, die auf dem Friedhof bestattet wurden, zählen Georg Händel, der Vater von Georg Friedrich Händel (Bogen 60), der Theologe August Hermann Francke (Doppelbogen 80/81), Christian Thomasius (Bogen 10), Robert Franz (Innenraum Abt. II) und Carl Adolph Riebeck (Innenraum Abt. IV). Ein Relief des Baumeisters Nickel Hoffmann ist an der Innenseite des Eingangsportals zu finden.

13 Am Ende siegte Luther
Die Reformation in Halle

Kardinal Albrecht, erbitterter Gegner von Martin Luther, residierte in Halle und versuchte vergeblich, die Reformation in der Stadt aufzuhalten. 150 Jahre später wurde Halle Zentrum des protestantischen Pietismus.

Der seit dem 11. Jahrhundert in der katholischen Kirche praktizierte Ablasshandel versprach den Sündern eine Reduzierung ihrer Strafe. 1515 vereinbarten Papst Leo X. und Albrecht, Erzbischof von Magdeburg und Mainz, einen noch viel weitreichenderen Ablass unters Volk zu bringen. Damit wollte Albrecht seine enorme Schuldenlast tilgen und Leo X. den Bau des Petersdoms in Rom finanzieren. Wer einen Brief erwarb, konnte sich oder sogar seine verstorbenen Verwandten oder Freunde von fast allen Sünden freisprechen lassen, ganz ohne Beichte und Buße. 1517 protestierte Martin Luther – seinerzeit geachteter Professor der Universität Wittenberg – schriftlich bei dem in Halle residierenden Albrecht und legte seinem Brief 95 Thesen über den Ablass bei. Das Echo der 95 Thesen war gewaltig. Luther veröffentlichte bald darauf zahlreiche weitere Schriften. Da es seit einiger Zeit Druckerpressen gab, verbreiteten sich diese wie ein Lauffeuer.

Auch in Halle wurden Luthers Schriften und seine 1521 auf der Wartburg entstandene Übersetzung des Neuen Testaments eifrig gelesen, immer mehr hallesche Bürger bekannten sich zum evangelischen Glauben. Zunächst versuchte Albrecht mit Verhandlungen und Zugeständnissen die Situation zu entschärfen. Nach dem entscheidenden Sieg im Bauernkrieg bei Frankenhausen jedoch kämpfte er immer erbitterter gegen die sich ausbreitende Reformation in Halle. Es war bei Strafe verboten, lutherische Gottesdienste auch außerhalb der Stadt zu besuchen und Luthers Lieder zu singen.

Nicht zuletzt seine überbordende Verschwendungssucht führte dazu, dass sich trotz alledem der evangelische Glauben in der Hallenser Bürgerschaft und sogar unter seinen Hofbeamten mehr und mehr ausbreitete. Luther hatte in all den Jahren mit reger Anteilnahme die Ereignisse in Halle verfolgt und mehrere ermutigende Schreiben an die Bürgerschaft gesendet.

Auch die weitere Verschärfung von Maßnahmen gegen die Verbreitung der Reformation in Halle half nichts. Ob seines enormen Schuldenbergs geriet Albrecht immer mehr in die Defensive und verließ 1541 endgültig Halle. Der enge Freund und Weggefährte Luthers, Justus Jonas, hielt am Gründonnerstag, dem 16. April 1541, die erste evangelische Predigt in der halleschen Marktkirche. Auch Luther predigte mehrere Male in Halle. Als er 1546 in Eisleben starb, führte der Weg bei der Überführung seiner Leiche nach Wittenberg auch über Halle. Sein Leichnam wurde in der Sakristei der Marktkirche aufgebahrt und ein Wachsabdruck seines Gesichtes erstellt. Diese Totenmaske Luthers ist noch heute in der Marktkirche zu besichtigen.

Der Fortgang der Reformation in Halle wurde jäh durch den Schmalkaldischen

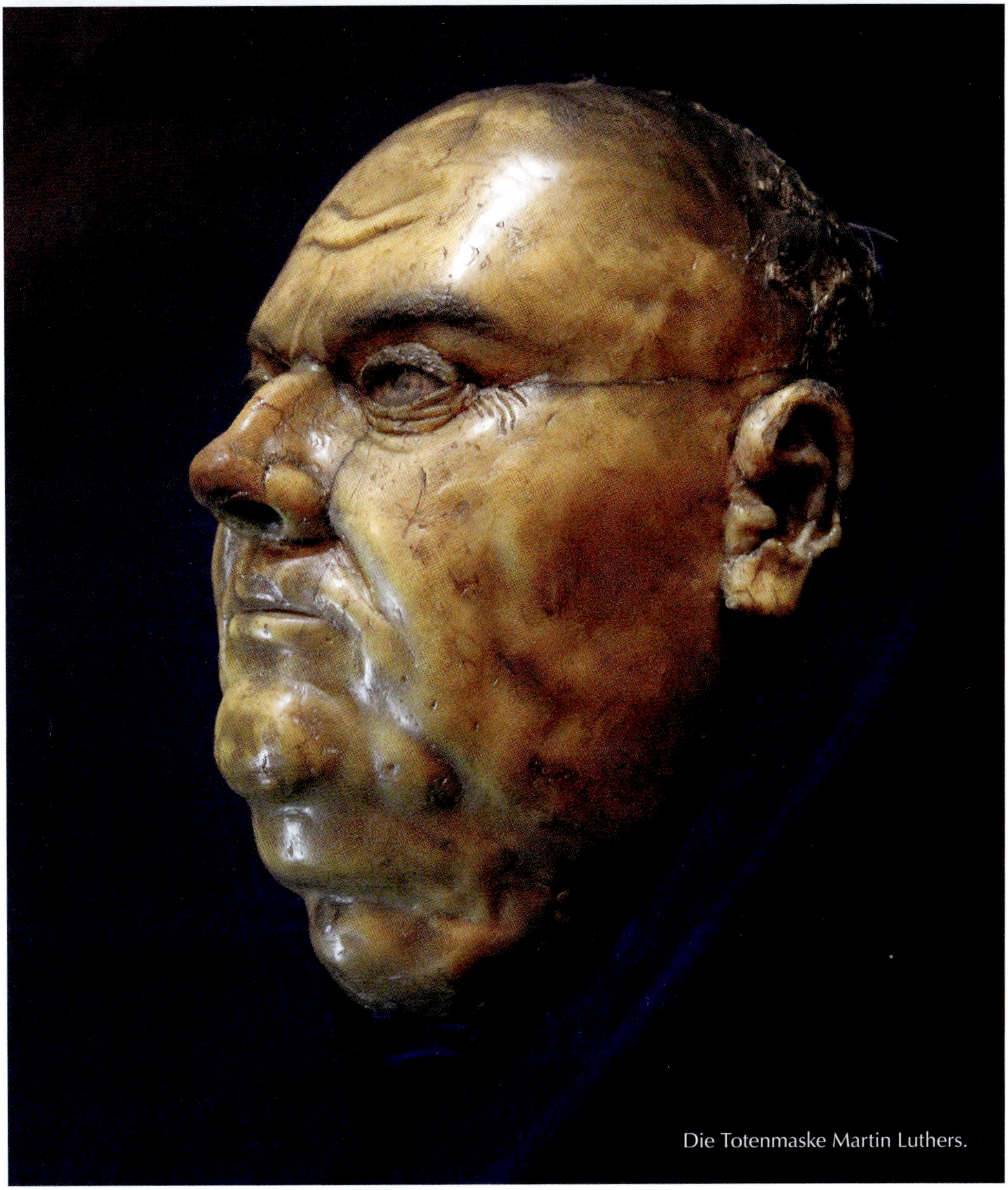
Die Totenmaske Martin Luthers.

Krieg unterbrochen. Nach der Niederlage der evangelischen Reichsstände 1549 musste Jonas die Stadt verlassen, der reformfeindliche Erzbischof Johann Albrecht (1499–1550) versuchte vergeblich, den Katholizismus wieder einzuführen. Mit dem Augsburger Religionsfrieden 1555, der die freie Religionsausübung zusicherte, war die Reformation in Halle dann besiegelt.

In den nachfolgenden Jahrhunderten traten immer wieder Menschen hervor, die in ihrem von der Reformation herrührenden Geist in der Stadt Großes leisteten. Stellvertretend hierfür stehen der Komponist Samuel Scheidt (1587–1654), der Philosoph Christian Wolff (1679–1754) und der Theologe August Hermann Francke (1663–1727), der Halle zum Zentrum des protestantischen Pietismus machte.

14 Bekanntester Sohn der Stadt
Georg Friedrich Händel

Die außergewöhnliche Begabung des achtjährigen Georg Friedrich wurde am herzoglichen Hof in Weißenfels (Sachsen) entdeckt. Als Schüler von Friedrich Wilhelm Zachow erwarb er seine musikalische Ausbildung in Halle, ehe er 18-jährig der Stadt den Rücken kehrte und in England zum Weltstar wurde.

Im Westfälischen Frieden wurde 1648 verfügt, dass nach dem Tod des Administrators August von Sachsen das Erzstift Magdeburg an das Kurfürstentum Brandenburg fallen sollte. Bis zu seinem Tod 1680 entfaltete August in der Neuen Residenz in Halle eine fürstliche Hofhaltung und förderte so einen gewissen wirtschaftlichen Aufschwung. Augusts Leibchirurg Georg Händel kaufte sich 1666 in unmittelbarer Nähe der Neuen Residenz das Eckgrundstück „Zum Gelben Hirsch". Über 40 Jahre war er verheiratet, alle sechs Kinder hatten sich selbstständig gemacht. Da brach 1682 erneut die Pest über Halle herein und forderte über 5.000 Tote, darunter war seine Frau Anna. Der 61-jährige Witwer wagte den Neuanfang und heiratete die 32-jährige Pfarrerstochter Dorothea Taust, als zweiter Sohn wurde am 23. Februar 1685 Georg Friedrich geboren.

Mittlerweile war das Erzstift Magdeburg an Brandenburg gefallen. Johann Adolf I., der Sohn Augusts von Sachsen, zog mit seinem Hofstaat in das sächsische Weißenfels und residierte im Schloss Neu-Augustusburg. Georg Händel konnte seine Stellung als Leibchirurg behalten, nun am Hof in Weißenfels. Nicht zuletzt durch die Zuwanderung von Hugenotten und Pfälzer Glaubensflüchtlingen erlebte die Saalestadt einen wirtschaftlichen Aufschwung. 1694 erfolgte die Einweihung der Universität, vor den Toren der Stadt entstand etwa zu gleicher Zeit der Schul- und Waisenhauskomplex von August Hermann Francke (1663–1727).

Georg Friedrich Händels musikalische Begabung wurde schon bald offenbar, sein Vater aber stand einer musikalischen Ausbildung zunächst äußerst ablehnend gegenüber. Der kunstinteressierte Johann Adolf I. erkannte bei einem Besuch in Weißenfels jedoch das Talent des Achtjährigen und überzeugte dessen Vater, ihn als Musiker ausbilden zu lassen. So wurde der junge Händel Schüler von Friedrich Wilhelm Zachow, damals bester Musiker in Halle und Organist der Marktkirche. Händels Vater starb 1697, sein Grab ist noch heute im Schwibbogen Nummer 60 auf dem halleschen Stadtgottesacker zu besichtigen.

1701 traf Händel in Halle zum ersten Mal den vier Jahre älteren Georg Philipp Telemann. Die Freundschaft der beiden berühmten Barockmusiker währte ihr gesamtes Leben. Bereits in seiner halleschen Zeit komponierte Händel unzählige Werke, insbesondere für sein Lieblingsinstrument, die Oboe.

Im Februar 1702 schrieb sich Händel in der neu gegründeten

Geburtshaus von Georg Friedrich Händel, heute Museum der Stiftung Händel-Haus.

Friedrichs-Universität ein, um bei Christian Thomasius Rechtswissenschaften zu studieren. 1703 verließ er im Alter von 18 Jahren seine Heimatstadt und ging zunächst nach Hamburg. Über die Stationen Italien und Hannover ließ er sich schließlich in England nieder, wo er bereits zu Lebzeiten verehrt wurde. Händel verlor jedoch nie den Kontakt zu seiner Heimatstadt, die er mehrere Male bei Aufenthalten in Deutschland besuchte.

Zum Gedenken an den berühmtesten Sohn der Saalestadt wurde 1859 auf dem halleschen Marktplatz das Händeldenkmal eingeweiht, es ist das einzige für den Komponisten in Deutschland. Seit 1922 finden in Halle Händel-Festspiele statt, heute eines der bedeutendsten Festivals für Barockmusik. Händels Geburtshaus wurde 1948 als Museum eingerichtet. 2008 wurde die Stiftung Händel-Haus gegründet und das Haus umfassend saniert und modernisiert.

15 Gelehrsamkeit seit 500 Jahren
Die Martin-Luther-Universität Halle-Wittenberg

Als Stifter und gleichzeitig erster Rektor eröffnete Kurfürst Friedrich III. von Brandenburg im Jahre 1694 offiziell die nach ihm benannte Fridericiana. Die Gründung der Universität in Halle hat zweifelsohne Epoche gemacht. Vertrieben durch die Anfeindungen der benachbarten sächsischen Universtät Leipzig sammelten sich hier die progressivsten Köpfe der Zeit in Halle, Pietisten und Naturrechtler. Dies erwies sich für die Stadt als Glücksfall. Bis heute belebt die international renommierte Universität die Stadt ungemein.

Die Martin-Luther-Universität Halle-Wittenberg ist nicht nur die älteste und größte Bildungseinrichtung in Sachsen-Anhalt, sondern gehört auch zu den frühen Universitätsgründungen in Deutschland. Ihr Ursprung liegt in der 1502 in Wittenberg gegründeten Leucorea. 1508 wurde Martin Luther (1483–1546) hierher berufen, Wittenberg wurde zum geistigen Zentrum der Reformation.

Auf Veranlassung des brandenburgischen Kurfürsten Friedrich III. wurde 1694 in Halle die Friedrichs-Universität gegründet und entwickelte sich rasch zu einer der führenden und modernen Hochschulen Deutschlands.

Durch herausragende Persönlichkeiten wie Christan Wolff, Christian Thomasius, Nicolas Hieronymus von Gundling und Johann Gottlieb Heineccius wurde Halle zum Zentrum der deutschen Frühaufklärung. Mit dem Gründungsprofessor der Theologischen und Philosophischen Fakultät August Hermann Francke entwickelte sich Halle Anfang des 18. Jahrhunderts auch zum Zentrum des Pietismus. Das damalige Waagegebäude am Marktplatz war der Hauptsitz der Universität mit Aula, Hörsälen und Bibliothek. Hier fanden bis 1834 Senatssitzungen, Disputationen und Vorlesungen statt. Weitere Renaissancegebäude wie die Moritzburg oder die Neue Residenz wurden darüber hinaus jahrhundertelang als Lehrinstitutionen genutzt.

Die Liste bedeutender Gelehrter und Wissenschaftler ist lang. Ab 1736 lehrte als erster afrikanischer Wissenschaftler Anton Wilhelm Amo in Halle, 1754 promovierte als erste Frau in Deutschland Dorothea Christiane Erxleben an der Medizinischen Fakultät.

Nachdem im Ergebnis des Wiener Kongresses Wittenberg zu Preußen kam, wurde die Wittenberger Universität zum größten Teil nach Halle verlegt und 1817 die Vereinigte Friedrichs-Universität Halle-Wittenberg gegründet. Zum 450. Geburtstag Luthers bekam die Universität 1933 dann den Namen, den sie noch heute trägt.

Unicampus am Universitätsplatz.

Während im 18. Jahrhundert die meisten Seminare noch in den Häusern der Professoren stattfanden, wurden im Laufe des 19. Jahrhunderts über die ganze Stadt verstreut Institutsgebäude errichtet, die heute weiterhin das Stadtbild prägen. Die historischen Gebäude auf dem Universitätsplatz bilden auch heute noch das Zentrum der Universität. Der Platz kann eine über 800-jährige Besiedlungsgeschichte vorweisen. An seiner Stelle befand sich das 1224 gegründete Barfüßerkloster, das im Jahr 1350 von der großen halleschen Pestwelle stark betroffen war. Dennoch begann hier schon frühzeitig die Bildungsförderung. Durch die Wirren der Reformation ging zwar das Kloster unter, die Magdeburger Landesherren ordneten jedoch die Einrichtung einer höheren Bildungsstätte in den Räumlichkeiten an. So entstand an dieser Stelle 1565 zunächst das lutherische Stadtgymnasium. Dies bestand knapp 250 Jahre, bevor 1808 der Entschluss gefasst wurde, das Gymnasium aufzulösen und mit der Latina zu vereinigen. Der Mediziner, Professor und Stadtphysikus Johann Christian Reil errichtete zu Beginn des 19. Jahrhunderts an dieser Stelle ein Theater, in dem auch das Weimarer Hoftheater unter der Leitung Goethes gastierte. Nach einer 17-jährigen Spielzeit wurde das letzte Stück Ende des Jahres 1827 dargeboten. Die Universität erstand dann das Gelände für 9.500 Taler, da die ursprünglichen Räume in der Ratswaage am Marktplatz nicht mehr ausreichten. Mit dem Bau des heute als „Löwengebäude“ bekannten spätklassizistischen Hauptgebäudes bildete sich 1834 ein neuer zentraler Universitätsplatz. Durch den Umbau des Platzes zu Beginn des 21. Jahrhunderts entstanden architektonisch einbettende Neubauten wie das Juridicum (1998) oder das Auditorium Maximum (2002). In dem Zusammenhang standen Sanierungen historischer Gebäude wie des Robertinums, des Melanchtonianums, des Thomasianums und des Franz-von-Liszt-Hauses. Verbunden über eine 70 Meter lange Freitreppe zählt der Universitätsplatz heute zu den schönsten Universitätsplätzen in ganz Europa.

Mit der politischen Wende begann ein umfassender Sanierungs- und Erneuerungsprozess, die Zahl der Studierenden liegt heute bei rund 20.000.

16 Vier Taler und 16 Groschen
Die Franckeschen Stiftungen

August Hermann Francke (1663–1727) gründete die Franckeschen Stiftungen um 1700 als pietistische Bildungseinrichtung, der Legende nach mit vier Talern und 16 Groschen aus einer Spendenbüchse. Die Schulstadt wurde dann innerhalb weniger Jahrzehnte zur bedeutendsten protestantischen Bildungsanstalt Europas.

Francke war pietistischer Theologe und Begründer eines besonderen pädagogischen Konzeptes. Als er 1692 Pfarrer in der Vorstadt Glaucha wurde, lag die Gemeinde wirtschaftlich und moralisch völlig am Boden. Trunk- und Spielsucht prägten das öffentliche Leben. Eine Pestepidemie hatte 1681 fast die Hälfte der Einwohner dahingerafft. Zahllose Waisenkinder zogen bettelnd von Haus zu Haus. Wenige Jahre später kam Francke dann zu dem Entschluss, eine eigene Lehranstalt mit Waisenhaus und Armenbildung aufzubauen. Francke war ein durchaus wirtschaftlich denkender Mensch. Um seine Armenschule zu finanzieren, eröffnete er gleichzeitig das Pädagogium, eine Erziehungs- und Bildungsanstalt für Kinder aus dem Adel und dem reichen Bürgertum, sowie erwerbende Anstalten. Dies waren beispielsweise eine Druckerei, eine Apotheke und eine Buchbinderei. Schon bald wurde eine ganze Schulstadt daraus. Noch heute befinden sich Schulen und universitäre Einrichtungen auf dem Gelände, unter ihnen das Landesgymnasium Latina August Hermann Francke und die Theologische Fakultät.

Das Hauptgebäude der Stiftungen, das ehemalige historische Waisenhaus, ist durch seinen hohen und sehr farbig gestalteten Giebel und den imposanten äußeren Treppenaufgang schon von Weitem sichtbar. Der Spruch im Giebel lautet:

„DIE AUF DEN HERRN HARREN
KRIEGEN NEUE KRAFT,
DASS SIE AUFFAHREN MIT
FLUEGELN WIE ADLER.“

Mit diesem Vers aus der Lutherbibel (Jesaja 40,31) kommt der pietistische Gedanke von Francke zum Ausdruck. Das historische Waisenhaus beherbergt heute u.a. ein Museum für Kinder, das Krokoseum, sowie eine eindrucksvolle Kunst- und Naturalienkammer. Sie gilt als einzige noch vollständig erhaltene barocke Wunderkammer Europas. Das Kabinett beinhaltet mehr als 3.000 Exponate, die in prachtvollen, handbemalten Vitrinen ausgestellt sind. Zu bewundern sind u.a. Naturalien, Artefakte und Kuriositäten, die in der ganzen Welt gesammelt wurden.

Gegenüber dem Haupthaus befindet sich das restaurierte Wohnhaus August Hermann Franckes. Dieses Haus ist das einzige, das aus der Zeit vor der Errichtung der Stiftungen stammt. Francke hatte das alte Wirtshaus erworben und 1702 zu einem Wohnhaus umbauen lassen.

Das Hauptgebäude der Franckeschen Stiftungen, das ehemalige historische Waisenhaus.

2012 entstand daneben im Zuge der Neugestaltung des Vorplatzes der Neubau der Kulturstiftung des Bundes, die einen architektonisch reizvollen Kontrast zu den historischen Gebäuden bildet.

Der eindrucksvolle Lindenhof mit dem Francke-Denkmal an seinem oberen Ende ist weitestgehend im Originalzustand erhalten. Der Berliner Bildhauer Christian Daniel Rauch schuf es 1829 auf einem von Karl Friedrich Schinkel entworfenen Sockel.

Im Haus Nr. 22 befindet sich die sehr bekannte und einmalige Kulissenbibliothek. In einem eigens dafür errichteten Bibliothekszweckbau präsentieren sich hier etwa 50.000 Bücher zu allen Gebieten des Wissens, v.a. aber zur Kirchen- und Bildungsgeschichte der Frühen Neuzeit.

August Hermann Francke starb 1727 in Halle. Sein Grab kann nach aufwendiger Restaurierung auf dem Stadtgottesacker (Bogen 80/81) besichtigt werden.

17 Wem die Glocke schlägt

Der Rote Turm

Auf dem Marktplatz in Halle ragt gleich einem italienischen Campanile der imposante Rote Turm empor. Er misst 84 Meter in der Höhe und wurde als Uhren- und Glockenturm nach 88-jähriger Bauzeit am 24. Juli 1506 vollendet.

Frei stehende Glockentürme sind im mitteldeutschen Raum eine Seltenheit. Man kennt sie eher aus Oberitalien. Wie die älteste Bauinschrift besagt, wurde der Turm im Jahr 1418 als Glockenturm der Kirche St. Marien begonnen. Von ihr kamen bereits 1460 zwei Glocken in den Turm, dessen Mauern erst 1474 bis zum Dachgesims hinaufgeführt wurden. Ein wichtiger Grund für das kostspielige Bauvorhaben soll aber das Bestreben gewesen sein, das bürgerliche Selbstbewusstsein der Hallenser zur Schau zu stellen. Dafür spricht, dass in das Maßwerk des oberen Westfensters die Büsten eines vermeintlichen Ehepaars einbezogen sind, welches der städtischen Oberschicht angehörte und das den Bau wahrscheinlich unterstützt hat. Wie stolz die Bürger von Halle auf ihr Meisterwerk waren, wird in einer Urkunde aus dem Jahre 1506 deutlich.

Die Baukosten des Roten Turms wurden v.a. durch die Pfarrgemeinde von St. Marien getragen. Erst kurz vor der Fertigstellung beteiligte sich der hallesche Rat, der 1508 eine Turmuhr einbauen ließ. Bereits 1533 musste die Turmhaube nach Wetterschäden erneuert werden. Der untere Teil des Turms wurde häufig mit Anbauten umstellt, die sich im Laufe der Jahrhunderte oft verändert haben und heute völlig verschwunden sind.

Woher der Rote Turm seinen Namen hat, lässt sich nicht mehr eindeutig klären. In den Quellen des 15. und 16. Jahrhunderts erscheint er als „Neuer Turm“ oder „Unser Frauen Turm“. Die heute übliche Bezeichnung hat sich erst im 17. Jahrhundert durchgesetzt, möglicherweise rührt sie daher, dass die einst mit Schiefer und Kupfer gedeckte Turmhaube rot angestrichen war oder aber wegen seines Bezugs zur Gerichtsbarkeit.

Im April 1945 wurde der Turm von amerikanischen Granaten schwer getroffen. Dabei verlor er seine oberste Haube und brannte völlig aus. Die Hallenser sammelten sogleich Geld für die Wiederherstellung, es dauerte jedoch bis zum Jahr 1975, ehe wieder eine neue Spitze aufgesetzt werden konnte. Die neuen Uhrenglocken entstanden im darauffolgenden Jahr. Sie sind auf den sogenannten Westminsterschlag gestimmt, der vom Glockenturm des Palace of Westminster in London erklingt. 1993 wurde ein neues Glockenspiel mit 76 Glocken eingebaut, es gilt seitdem als das größte Carillon in Europa. Verschiedene Musikstücke und Lieder können viermal am Tag zur vollen Stunde gehört werden. Als besonderes Highlight wird täglich um 13 Uhr, im Anschluss an das Halleluja von Händel, jedes Neugeborene vom Vortag mit einem eigenen Glockenschlag begrüßt – die „Baby-Bells“. Neben der täglichen

Glockenspiel im Roten Turm.

Automatik erklingen seit wenigen Jahren wieder regelmäßig live gespielte Glockenspielkonzerte, die sich zunehmender Beliebtheit bei Hallensern und Touristen erfreuen.

Der Rote Turm war immer mehr als ein Glocken- oder Uhrenturm, er ist heute noch der Stolz der Stadt. Seit einigen Jahren kann er auch wieder fast täglich bei einer Führung besichtigt werden.

18 Gelehrtenmeile
Die Große Märkerstraße

Die geschichtlich bedeutende Große Märkerstraße gehörte einst zu den repräsentativsten Straßen der historischen Altstadt und ist heute fast durchgängig saniert. Sie zählt zu den schönsten Straßen der halleschen Innenstadt.

Die wechselvolle Geschichte der Straße, die in unterschiedlichen Epochen entstanden ist, spiegelt sich auf imposante Weise in den Gebäuden an ihrem Rand wider. Sie war Heimstätte mittelalterlicher Patriziergeschlechter sowie Wohn- und Arbeitssitz von Gelehrten der Universität. Deshalb wird sie heute noch als die Gelehrtenstraße der halleschen Universität bezeichnet. Ihr Name geht auf das in Halle ansässige ritterliche Geschlecht Merklin zurück. 1315 erstmalig in den Schöffenbüchern als „Merkelinstrate" erwähnt, wurde daraus im Laufe der Jahrhunderte die Märkerstraße. Es lohnt sich noch heute – wenngleich auch nur von außen – einen Blick auf einige der wichtigsten Häuser der Straße zu werfen, die Wohnsitze bedeutender und zum Teil schon vergessener Gelehrter und Bürger waren. Größtenteils sind Tafeln zu den Bewohnern an den Häusern angebracht worden.

Erwähnenswert ist z.B. das Haus Nr. 13, das heute der jüdischen Gemeinde gehört. Durch Zwangsverkauf 1933 entging es dem Schicksal des Niederbrennens in der Pogromnacht, wie es am 9./10. November 1938 der jüdischen Synagoge beschieden war. Auf dem Gehweg erinnern heute einige der auch in vielen anderen Städten bekannten Stolpersteine an das Schicksal hallescher jüdischer Familien.

Ursprünglich begann die Große Märkerstraße erst am Platz Kleiner Berlin. Doch ein verheerender Brand 1683 zerstörte viele Häuser, sodass danach der Durchbruch zum Großen Berlin erfolgte. In der anliegenden Sternstraße kann heute mit Genuss in zahlreichen Restaurants verweilt werden.

Nur wenige Meter davon entfernt, befindet sich eines der wohl bekanntesten Gebäude der Straße (Nr. 10) und der Stadt, das repräsentative Christian-Wolff-Haus. Der zweigeschossige Putzbau mit hohen Dreiecks- und Schweifgiebeln aus der Zeit der Renaissance beherbergt heute das Stadtmuseum Halle. Christian Wolff war an der halleschen Universität als Professor tätig. Er war ein bedeutender deutscher Mathematiker und Jurist sowie einer der wichtigsten Philosophen der Aufklärung. Besonders sehenswert ist das Wolff-Zimmer, das einen prächtigen Kamin des vormaligen Hausbesitzers enthält. Ein weiterer nicht ganz unbedeutender Besitzer des Hauses war Johann Justinius Gebauer, der mit dem Buch- und Druckhaus Gebauer & Schwetschke die zeitweise größte (Buch-)Druckerei Halles besaß.

Der Baustil der Renaissance prägt im Wesentlichen den heutigen Straßenzug zwischen dem Platz Kleiner Berlin und dem Marktplatz, und zwar durch ein einzigartiges Ensemble bewundernswerter

Fotografie des Christian-Wolff-Hauses um 1900.

Patrizierhäuser. Ein besonders schönes Beispiel, ein Sitznischenportal aus dem 16. Jahrhundert, befindet sich am Haus Nr. 7.

Die Große Märkerstraße 21/22 ist ein weiteres herausragendes Gebäude der Straße, das sogenannte Schleiermacherhaus. Es ist das größte erhaltene Wohnhaus in dieser Straße und gehört zu den ältesten Häusern der Saalestadt überhaupt. Es ist eine Ikone der Renaissance-Architektur in Halle. Im Innenhof ist das für die Zeit typische turmartige Treppenhaus, der sogenannte Wendelstein, erhalten. Die große Tordurchfahrt wird durch beeindruckende Ornamente geschmückt. 1690 erwarb Jean Michel Millié (genannt La Fleur) das Grundstück. Der aus Grenoble geflohene Hugenotte richtete hier eine sogenannte Ritterakademie ein. Sie ist als unmittelbarer Vorläufer der 1694 gegründeten Universität anzusehen. Das große Anwesen wurde später aufgeteilt und die einzelnen Gebäudeteile wurden in der Folgezeit von bedeutenden Universitätsprofessoren bewohnt, woraus die Bezeichnung „Professorenhaus" resultiert. Im Haus Nr. 21 wohnte von 1804 bis 1807 der berühmte Theologe Friedrich Daniel Ernst Schleiermacher.

Bei allen „Professorenhäusern" waren Vorlesungen im privaten Ambiente keine Seltenheit. Der Anatom Philipp Adolf von Boehmer führte in seinem damaligen Haus in der Großen Märkerstraße 5 anatomische Übungen durch. Vielfach praktizierten auch die Professoren in ihren Wohnhäusern, wie etwa der beliebte Arzt Dr. Wilhelm Hermann Niemeyer (1788–1840). Er war der spätere Direktor des Entbindungsinstituts der Universität. Seit Kurzem ist die Hausnummer 5 nach über 30 Jahren endlich saniert worden.

19 Herberge der Romantik
Das Giebichensteiner Dichterparadies

Johann Friedrich Reichardt, Kapellmeister von Friedrich dem Großen, gestaltete ab 1791 ein altes Landgut in Giebichenstein im Stil eines englischen Landschaftsgartens. Durch seine zahlreichen berühmten Gäste wie Goethe, Novalis und Brentano wurde es über die Grenzen der Stadt hinaus als „Herberge der Romantik" bekannt.

Ungeachtet der wirtschaftlichen Not infolge des Siebenjährigen Krieges erfuhr die hallesche Universität Ende des 18. Jahrhunderts eine zweite Blütezeit. Namhafte Theologen wie August Hermann Niemeyer, große Ärzte wie Philipp Friedrich Theodor Meckel und Johann Christian Reil und der berühmte Weltumsegler Johann Reinhold Forster lockten viele Studenten nach Halle.

Dieses Spannungsfeld fand Johann Friedrich Reichardt 1791 vor, als er in Giebichenstein ein Landgut für sich entdeckte, es zunächst pachtete und später mit Hilfe seiner Förderin, der Fürstin Luise von Anhalt-Dessau, erwarb.

Reichardt wurde 1752 in Königsberg geboren und galt als musikalischer Wunderknabe. Friedrich der Große ernannte ihn bereits als 23-Jährigen zum königlich-preußischen Hofkapellmeister, der begehrtesten Stellung für Musiker in Preußen. Den lähmenden Intrigen am Hof und den stetigen Auseinandersetzungen wegen des konservativen Musikgeschmacks bei Hofe versuchte Reichardt durch Reisen nach Italien, Wien, Frankreich und England zu entfliehen. Bis heute sind seine Liedkompositionen wie „Bunt sind schon die Wälder"; „Der Frühling hat sich eingestellt" und „Wenn ich ein Vöglein wär" bekannt.

Seine Begeisterung für die Ideen der Französischen Revolution stieß bei Friedrich Wilhelm II., der 1786 den Thron übernommen hatte, auf Ablehnung. 1794 wurde er daher fristlos entlassen. Alsdann ließ er sich dauerhaft in seinem Domizil in Giebichenstein nieder. Zwei Jahre später wurde er vom preußischen König begnadigt und zum halleschen Salinedirektor ernannt, was ihm wieder regelmäßige Einkünfte bescherte.

Reichardt gestaltete das Hanggrundstück im Stile eines englischen Landschaftsgartens. Sein 1902 leider abgerissenes Anwesen, das sich im Bereich des heutigen Spielplatzes an der Seebener Straße befand, wurde bald zum Treffpunkt von namhaften Musikern, Wissenschaftlern und Literaten. Zu den Gästen zählten neben Johann Wolfgang von Goethe die romantischen Dichter Ludwig Tieck, Clemens von Brentano und Achim von Arnim, der Philosoph Georg Philipp Friedrich von Hardenberg, besser bekannt als Novalis, Wilhelm Grimm und die Philosophen Friedrich Daniel Ernst Schleiermacher und Heinrich Steffens.

Joseph von Eichendorff weilte zwischen 1805 und 1806 als Student in Halle. Später blickte er wehmütig auf seine studentische Zeit zurück, wobei er sich

Büste von Johann Friedrich Reichardt in Reichardts Garten.

in den kunstliebenden Kreis der Familie Reichardt hineinsehnte. Ein Denkmal in der Emil-Eichhorn-Straße in Halle, das den 17-Jährigen mit Blick zu Reichardts Garten darstellt, charakterisiert treffend Eichendorffs hallesche Zeit als Student.

Eine weitere Reise nach Frankreich 1803 dämpfte dann Reichardts Begeisterung für die französische Politik und machte ihn zum Gegner Napoleons. Kurz vor der Einnahme Halles durch Napoleon 1806 floh er nach Danzig, versuchte sein Glück in Wien und zog sich schließlich nach Giebichenstein zurück, wo er 1814 verstarb. Sein Grab befindet sich auf dem Hof der Kirche St. Bartholomäus in Halle.

Reichardts Anwesen gelangte 1902 in den Besitz der Stadt Halle und gehört heute zum sachsen-anhaltinischen Netzwerk „Gartenträume", in dem wertvolle historische Parks zusammengefasst werden.

20 Lebensader der Stadt
Die Saale in Halle

Gemessen von Beesen bis Trotha, fließt die Saale auf einer Länge von gut 25 Kilometer durch die Stadt Halle. Das Wasser ist v.a. durch den Zufluss der Unstrut salzhaltig. Dass Salz eine wichtige Rolle bei der Stadtgründung spielte, gilt als unumstritten. Mit der Gewinnung des Salzes und dem folgenden Handel damit änderte sich für die Menschen in Halle das Leben am und mit dem Fluss über die Jahrhunderte gewaltig.

Zur Salzherstellung bedarf es v.a. Holz, welches jedoch im Umfeld von Halle nicht ausreichend vorhanden war. So diente die Saale in Halle als Transportweg, auf dem lange Zeit geflößt wurde. Später wurden Schiffe gebaut, die dem Fluss angepasst werden mussten. Zusätzliche Schleusen sollten die unterschiedlichen Wasserstände ausgleichen. Flussaufwärts wurde stellenweise gesegelt; falls der Wind nicht genügte, wurde getreidelt. Diese Treidelpfade sind bis heute noch zu finden, z.B. als ausgebauter romantischer Wanderweg entlang der Klausberge zur Forstwerder Insel.

Es wundert auch nicht, dass das Saaletal nahe der Burgruine Giebichenstein in der Zeit der Romantik viele berühmte Dichter wie Johann Friedrich Reichardt, Clemens Brentano oder Johann Wolfgang von Goethe anzog, die sich von der zauberhaften Saale inspiriert fühlten. So entstanden reizvolle Erholungs- und Landschaftsgärten wie der Amts- oder Reichardtsgarten, welche heute zu den schönsten Parkanlagen der Stadt gehören.

Mit der aufkommenden Industrialisierung bekam der Fluss für viele Hallenser als Freizeit- und Naherholungsgebiet noch eine weitere Bedeutung: Zahlreiche Flussbäder und Badeanstalten luden zum Vergnügen im Wasser ein. Die Saaleschifffahrt zur Rabeninsel oder nach Wettin war eine der beliebtesten Freizeitbeschäftigungen. So entstanden diverse Ausflugslokale, Kanu- und Rudervereine, die teilweise noch bis heute existieren.

Seit Mitte des 19. Jahrhunderts entwickelte sich die Saale auch zu einem Industriezentrum Halles. Sophienhafen, Hafenbahn und die Halle-Hettstedter Eisenbahn ermöglichten über Fluss und Schiene die Verbindung zur Welt. Doch diese wirtschaftliche Ausbeutung führte zu einer gigantischen Verschmutzung, die mit den Chemiebetrieben Buna und Leuna in der zweiten Hälfte des 20. Jahrhunderts ihren Höhepunkt erreichte. Durch die Modernisierung der Chemieindustrie hat sich in den letzten drei Jahrzehnten die Saale gut erholen können. Zahlreiche Fischarten sollen sich wieder angesiedelt haben, allen voran der Karpfen und die Barbe. Und die Fans des jährlichen Saale-Schwimmens freuen sich an einer stetig zunehmenden Begeisterung für das unbedenkliche Schwimmen im Fluss.

Die Saale war und ist die Lebensader der Stadt für alle Bürger. Ob beim Spaziergang am Rive-Ufer, zur Peißnitzinsel mit dem Besuch des Peißnitzhauses,

Die Saale im Norden von Halle am Durchbruchstal zwischen Ochsenberg und Klausberge, links der Stadtteil Kröllwitz.

beim Flanieren über die Ziegelwiese zur Fontäne, einer der größten Wasserfontänen Europas, oder beim alljährlichen größten Volksfest der Stadt, dem Laternenfest – überall kann man wieder die Schönheit der Saale genießen. Die Zeilen des alten, bekannten Volksliedes „An der Saale hellem Strande", 1826 von Franz Kugler geschrieben, wehen noch immer über der Stadt und haben bis heute ihren Reiz nicht verloren.

„An der Saale hellem Strande
Stehen Burgen stolz und kühn,
Ihre Dächer sind gefallen
Und der Wind streicht durch die Hallen,
Wolken ziehen drüber hin". (...)

21 Vom Wein zur Sole
Der Reilsberg in Giebichenstein

Nach der Zerstörung der Burg Giebichenstein im Dreißigjährigen Krieg versank das Dorf Giebichenstein mit dem markanten Reilsberg lange im Dornröschenschlaf. Aufgrund seiner malerischen Lage wurde es im ausgehenden 18. Jahrhundert von den Romantikern wiederentdeckt und beheimatet heute Deutschlands einzigen Bergzoo.

Am Fuße des Reilsbergs wurde schon in prähistorischer und mittelalterlicher Zeit Sole gewonnen. Die Quelle geriet dann aber für Jahrhunderte in Vergessenheit. Die fast 60 Meter über dem Saaletal emporragende Porphyrfelskuppe diente lange als Schafweide und Weinberg.

Nach der Zerstörung der Burg Giebichenstein im Dreißigjährigen Krieg war der gleichnamige Ort fast vergessen. Im ausgehenden 18. Jahrhundert erwachte dann Giebichenstein aus seinem Dornröschenschlaf. Die reizvolle Felsenlandschaft am Ufer der Saale und die malerische Burgruine inspirierten nicht nur Johann Friedrich Reichardt (1752–1814), der aus einem alten Landgut am Fuße des Reilbergs ein romantisches Kleinod schuf. Auch die Hallenser und insbesondere die Studentenschaft zog es hinaus ins Grüne, sodass im 19. Jahrhundert zahlreiche Kaffeegärten und Gasthäuser entstanden.

1802 schenkte der preußische König Friedrich Wilhelm III. den Weinberg dem Mediziner Johann Christian Reil (1759–1813), um ihn zu bewegen, an der halleschen Friedrichs-Universität zu bleiben und ein Angebot der Universität Göttingen auszuschlagen.

Nach der französischen Besetzung Halles 1806 flohen zahlreiche namhafte Professoren außer Landes, nur wenige Studenten waren in Halle noch eingeschrieben. Reil war ein ehrgeiziger und umtriebiger Charakter und gründete 1807 am Domplatz in Halle ein Kurbad, in der Hoffnung, die am Boden liegende hallesche Wirtschaft zu beleben und dem renommierten Kurbad im sächsischen Bad Lauchstädt den Rang abzulaufen. Es wurde sogar ein Theater eröffnet, im pietistischen Halle bis dato ein Novum. Bereits nach wenigen Jahren musste das Kurbad jedoch geschlossen werden, zu wenige Besucher fanden den Weg in die Saalestadt.

Seinen Weinberg in Giebichenstein, der in unmittelbarer Nachbarschaft zu Reichardts Anwesen lag, hatte Reil als Parkanlage umbauen lassen. Seine Reilsche Villa nutzten er und seine Familie als Sommerhaus. Nach seinem Tod 1813 ging der Besitz an Peter Krukenberg über, der nach Reils Tod dessen älteste Tochter ehelichte. Reils Grab befindet sich noch heute auf dem Reilsberg.

Schließlich war es Krukenberg, der den Kaufmann Heinrich Thiele 1846 überredete, den alten Solebrunnen am Fuß des Reilsbergs wieder auszugraben und ein Solbad zu errichten. So verwirklichte sich schließlich doch noch Reils Idee eines Kurbads in Halle. Die Blütezeit des Solebades Wittekind lag zwischen 1850 und 1880. Das Bad hatte in den ersten

Hallescher Bergzoo auf dem Reilberg, im Vordergrund Wittekindstraße und Seebener Straße.

25 Jahren fast 18.000 Kurgäste, unter ihnen war auch Friedrich Nietzsche. Im Zuge der ausufernden Bodenspekulationen Ende des 19. Jahrhunderts wurden weite Teile des Kurparks parzelliert und im Bereich der heutigen Friedensstraße und der Wittekindstraße bebaut.

1901 schließlich wurde auf dem Reilsberg der Zoologische Garten in Halle errichtet, 1913 kam auch das Solbad Wittekind in städtischen Besitz. Die über 60 Jahre alten baulichen Anlagen wurden nach den Entwürfen des Stadtbaurats Wilhelm Jost umgebaut und erweitert. Nachdem das Bad 1977 geschlossen wurde, erlebte das Areal vor wenigen Jahren eine Renaissance. Die Gebäude des alten Bades wurden zu Wohnungen umgebaut und bieten einem Gesundheitszentrum und einem Kindergarten ein neues Domizil.

22 Alles begann mit der Zuckerrübe
Halles Wirtschaftsaufschwung

Halle hatte nach der Befreiung von der napoleonischen Fremdherrschaft seinen wirtschaftlichen Tiefpunkt erreicht und war zum Provinznest verkommen. Durch kluge politische Entscheidungen, mutige und engagierte Unternehmer und dank der Zuckerrübe wurden dann aber die Weichen für Halles Aufstieg in die Erste Liga der deutschen Großstädte gestellt.

Aus den Beschlüssen des Wiener Kongresses 1815 ergab sich, dass Halle Bestandteil der preußischen Provinz Sachsen wurde. Als Demütigung mussten es damals die Hallenser aufgefasst haben, dass das deutlich kleinere Merseburg Sitz der Bezirksregierung wurde. Die Regierung versuchte damit, die ehemals sächsischen Gebiete im Süden in die neu geschaffene Provinz Sachsen zu integrieren. Halle besaß nur etwa 20.000 Einwohner, die Universität war durch den Weggang zahlreicher renommierter Professoren geschwächt.

Universitätsgebäude in Halle um 1836.

Die Situation bot jedoch die Chancen für einen Neuanfang. Zunächst wurden die Befestigungsanlagen, die längst ihre ursprüngliche Funktion verloren hatten und die bauliche Entwicklung der Stadt hemmten, beseitigt und später als Promenade umgestaltet. 1817 wurden Halle und die benachbarten Amtsstädtchen Glaucha und Neumarkt zu einer Großgemeinde zusammengeschlossen.

Im Bestreben des preußischen Staats, seine neu geschaffene Provinz politisch und wirtschaftlich zu entwickeln, erfolgten sowohl der Ausbau der Ausfallstraßen als auch der Bau von Brücken und Dämmen durch das Überschwemmungsgebiet der Saale. Zudem sollte die hallesche Universität zur modernen Hochschule umgestaltet werden. 1817 erfolgte der Zusammenschluss mit der Leucorea in Wittenberg zur vereinigten Friedrichs-Universität Halle-Wittenberg, die 1933 in Martin-Luther-Universität Halle-Wittenberg umbenannt wurde. 1834 entstand das im klassizistischen Stil errichtete neue Hauptgebäude der Universität. Der Aufschwung ließ jedoch weiter auf sich warten.

Die fruchtbaren Böden im halleschen Raum und die Umstellung bei der Bewirtschaftung führten zu einem deutlichen Anstieg der Erträge in der Landwirtschaft. Die Preußische Landreform befreite die Bauern aus ihrer Erbuntertänigkeit, viele von ihnen zog es in die Städte. Während der napoleonischen Kontinentalsperre wurde die aus der Runkelrübe gezüchtete Zuckerrübe zum Hauptzuckerlieferanten in den deutschen Landen. Die Chance erkannte 1835 ein Konsortium hallescher Kaufleute unter der Regie von Carl August Jacob und gründete die Hallesche Zuckersiederei-Kompanie auf Aktien, die sich schon bald zu einem erfolgreichen Unternehmen entwickelte. Stadtrat Ludwig Wucherer setzte sich vehement dafür ein, dass Halle 1840 eine Hauptstation der Mitteldeutschen Eisenbahnlinie Magdeburg–Halle–Leipzig bekam. Um auch den Transport über die Saale zu forcieren, wurden ein moderner Hafen und ein Verladeplatz geschaffen.

Die Verarbeitung der Zuckerrübe war mit einem hohen Energiebedarf verbunden. Als außerordentlich günstig erwiesen sich daher die reichen Braunkohlevorkommen im halleschen Raum, die eine weitere Triebkraft der wirtschaftlichen Entwicklung wurden. Die Kombination aus Zuckerindustrie, Braunkohleförderung und modernen Verkehrssystemen wirkte als Initialzündung für den wirtschaftlichen Aufstieg der Stadt Halle.

In kurzen Abständen kamen weitere Eisenbahnlinien hinzu, sodass sich Halle zum wichtigen Eisenbahnknotenpunkt in Mitteldeutschland entwickelte. 1862 wurde an der halleschen Universität unter Leitung von Julius Kühn der erste Lehrstuhl für Landwirtschaft eingerichtet, was den Umbau zu einer modernen leistungsfähigen Landwirtschaft weiter förderte. Die Voraussetzungen für den Sprung zur Großstadt waren damit geschaffen.

23 Aus allen Nähten geplatzt
Halle wird Großstadt

Das rasche Wirtschaftswachstum führt in der zweiten Hälfte des 19. Jahrhunderts zu einem enormen Bevölkerungswachstum, Halle wird in die Riege der Großstädte katapultiert. Die Arbeits- und Lebensbedingungen jedoch sind teilweise menschenunwürdig und führen zur Bildung von Interessenvertretungen der Arbeiterschaft. Die Stadt wird zum „roten Halle".

Ab 1850 nahm Halle einen beachtlichen ökonomischen Aufschwung. Zunächst entstanden neben den Zuckerraffinerien zahlreiche Maschinenfabriken, die ihre Produktionsstätten schon bald vor die Tore der Stadt verlagerten, insbesondere entlang der Merseburger Chaussee. Aus den umliegenden Dörfern strömten tausendfach die nach der Preußischen Landreform von ihren Grundherren befreiten Bauern und Landarbeiter auf der Suche nach Arbeit in die Stadt. Ungeachtet der teilweise unerträglichen Arbeits- und Lebensbedingungen sank dank besserer Ernährung, des zunehmenden Hygienebewusstseins und einer besseren

medizinischen Betreuung die Sterblichkeit. Das reiche Angebot an Arbeitskräften förderte nicht nur die Industrialisierung, sondern auch den Konsum, sodass sich u.a. eine Malz- und eine Süßwarenfabrik sowie eine Kaffeegroßrösterei ansiedelten. Die zahlreichen Braunkohlengruben und Brikettfabriken lieferten den erforderlichen Brennstoff. Mit der Eisenbahn und dem Schiff konnten die Waren schnell und günstig transportiert werden. Erfolgreiche hallesche Bankiers stellten die notwendigen Kredite zur Verfügung. Nicht zuletzt die französischen Reparationszahlungen von 1871 führten zu einem beispiellosen Wirtschaftsaufschwung, der als Gründerzeit in die Geschichte einging.

Halles Bevölkerung wuchs exponentiell. 1834 zählte Halle etwa 25.000 Einwohner, 1870 waren es schon gut doppelt so viele, 1890 wurde die 100.000er-Grenze überschritten, Halle wurde zur Großstadt. Das Bevölkerungswachstum hielt mit Unterbrechungen – teils auch durch Eingemeindungen – bis in die 1960er-Jahre an.

Bis etwa 1865 war die Bebauung v.a. auf die Altstadt und die eingemeindeten Vorstädte beschränkt. Die Stadt besaß im Wesentlichen noch immer ihre mittelalterlichen Stadtstrukturen und war geprägt durch Fachwerkhäuser aus verschiedenen Jahrhunderten. So hatte die in Richtung Süden vom Marktplatz abgehende Schmeerstraße eine Breite von nur fünf Metern. Halle besaß lange keine Trinkwasserversorgung und unzureichende Verwaltungsstrukturen.

Die Altstadt wurde schließlich radikal umgestaltet, Halle wuchs bald bis hin zu den umliegenden Dörfern Giebichenstein, Trotha und Kröllwitz, die 1900 eingemeindet wurden. Die naturwissenschaftlichen Institute der Universität sorgten in den Industriebranchen für eine wissenschaftliche Begleitung des Fortschritts.

Die Landesregierung der Provinz Sachsen saß in Magdeburg, die Bezirksregierung in Merseburg und das Oberlandesgericht in Naumburg, die Organisationen der Wirtschaft wie die Industrie- und Handelskammer, die Landwirtschaftskammer sowie das Oberbergamt nahmen jedoch ihren Sitz in Halle.

Rauchende Schornsteine galten zu dieser Zeit als zukunftsbestimmendes Symbol, quasi als „Fahne des Fortschritts". Die Zustände in den Industriebetrieben jedoch waren besonders in der Anfangszeit unvorstellbar hart. Die Arbeiter, darunter Frauen und Kinder, verbrachten bis zu 16 Stunden in der Fabrik, Arbeits- und Gesundheitsschutzregeln waren kaum vorhanden. Ebenso besaßen die Fabrikarbeiter keine Absicherung gegenüber Krankheiten und Arbeitsunfällen. So kam es bald zur Bildung von Interessenvertretungen der Arbeiterschaft. 1890 gab sich die Sozialdemokratische Partei Deutschland im halleschen „Hofjäger", der heutigen „Schorre", ihren Namen, die Stadt wurde zum „roten Halle".

◄ Neue Actien-Zucker-Raffinerie zu Halle um 1880.

24 Dem Abriss entkommen
Das Paulusviertel

Das heutige Paulusviertel war Ende des 19. Jahrhunderts am Reißbrett unter dem Namen „Kaiserviertel" geplant worden. Zu DDR-Zeiten schon fast aufgegeben, erblühte es nach 1990 in neuem Glanz und gehört heute zu den beliebtesten Wohngegenden in Halle.

Der Bedarf an Wohnraum wuchs immer weiter an. 1881 legte Stadtbaurat Otto-Karl Lohhausen einen Bebauungsplan für die nordöstliche Stadterweiterung vor, das heutige Paulusviertel. Lohhausen sah ein System aus zwei vollständig geschlossenen konzentrischen Kreisen mit sternförmigen Plätzen vor, in dessen Zentrum später auf dem künstlich erhöhten Hasenberg die Pauluskirche errichtet wurde.

Das Paulusviertel wurde nach der für die Jahrhundertwende typischen Blockrandbebauung errichtet. Die Wertigkeit der Wohnungen nahm von der Pauluskirche zu den Rändern des Viertels hin ab. Aufgrund der hohen Wohnungsnot Ende des 19. Jahrhunderts wurden die Bauvorschriften immer weiter gelockert. Seit 1898 war die Bebauung mit drei Wohnetagen zuzüglich Souterrain und ausgebautem Dachgeschoss erlaubt, auch die Innenhöfe durften enger bebaut werden. Hier wurden Hofflügel und Hinterhäuser mit engen Lichthöfen errichtet, die zu den berüchtigten prekären Wohnverhältnissen in den abschätzig als Mietskasernen bezeichneten Wohngebäuden führte.

Schon die Stadtplaner im vorigen Jahrhundert strebten eine soziale Durchmischung im Paulusviertel an. Die einfachen Arbeiter und Angestellten in den Mietskasernen lebten im äußeren Teil des Paulusviertels, je nach Einkommen im Souterrain oder im Hinterhof. Die besser Situierten mieteten sich in der Beletage ein. Die Wohnräume der ersten und zweiten Etage waren wärmer und trockener und besaßen die besten Ausstattungen mit Parkettfußboden und Stuckverzierungen an den Decken. Die Wohlhabendsten bewohnten die Stadtvillen an der Pauluskirche.

Das Paulusviertel wurde während des Zweiten Weltkriegs vor Zerstörung verschont. Zu DDR-Zeiten besaßen Altbauten jedoch einen nur sehr geringen Stellenwert, so verfielen die Altstadtquartiere immer weiter. Die meisten Wohnhäuser in den Innenhöfen wurden nach und nach abgerissen. Reparaturen wurden nur notdürftig vorgenommen. Die Fassaden waren düster und grau, der Putz bröckelte, zahlreiche Balkone und ganze Häuser waren baupolizeilich wegen Einsturzgefahr gesperrt. Die Abgase der Hausbrandöfen, in denen minderwertige Braunkohlebriketts verfeuert wurden, vergifteten die Luft und nagten zusätzlich an der Bausubstanz. In den 1980er-Jahren wurde das gesamte Areal zwischen Schleiermacherstraße und Ludwig-Wucherer-Straße abgeschrieben, perspektivisch sollte hier die gesamte

Paulusviertel, im Vordergrund Heinrich-Zille-Straße und Humboldtstraße, in der Bildmitte die Pauluskirche.

Altbausubstanz durch Plattenbauten ersetzt werden.

Als großes Glück erwiesen sich auch aus städtebaulicher Sicht so die politische Wende im Jahr 1989 und der darauffolgende Stadtumbau. Nicht nur die Stadtvillen, sondern auch die vormals als „Mietskasernen" verpönten Wohngebäude im Paulusviertel wurden nach und nach saniert. Noch unsanierte Gebäude waren bei Studenten und Künstlern begehrt, was zunehmend zur Aufwertung des Wohngebiets führte. Heute ist das Paulusviertel insbesondere bei jungen Familien sehr beliebt – trotz Parkplatznot und hoher Mieten.

Dabei wandelte sich auch die Stellung der Innenhöfe. Waren diese früher unattraktiv, grau und dunkel, sodass in den Wohnungen an den Seiten zum Hinterhof die weniger attraktiven Wohnräume angeordnet waren, besitzen heute die häufig begrünten Innenhöfe einen hohen Stellenwert, die meisten Balkone befinden sich an der Innenhofseite.

25 Für die Gesundheit
Moderne Infrastruktur

Im Zuge der Industrialisierung Ende des 19. Jahrhunderts wurde die Stadt „vom Kopf auf die Füße gestellt". Die heute als selbstverständlich geltende städtische Infrastruktur mit Abwasserentsorgung und sauberem Trinkwasser wurde damals als revolutionär angesehen und führte zu einer enormen Verbesserung des Gesundheitszustands der Bevölkerung und zum Anstieg der Lebenserwartung.

Die Einwohnerzahl von Halle hatte sich bis 1870 in wenigen Jahrzehnten mehr als verdoppelt, die Stadt selbst war jedoch kaum über ihre Grenzen hinausgewachsen. Die Menschen lebten in engen Gassen unter katastrophalen hygienischen Bedingungen. Ihr Trinkwasser gewannen sie aus öffentlichen oder privaten Brunnen und aus ungefiltertem Saalewasser. Zeitgenössische Quellen schreiben von „gelblich und grünlich schillernden Wässern", die sich „als unbrauchbar zum Genusse und wirtschaftlichem Gebrauch darstellen". In der Folge traten fast jährlich neue Epidemien an Typhus, Cholera, Keuchhusten, Diphtherie und Pocken auf, die die Stadt zum Handeln zwangen. Weite Teile der Altstadt wurden nach und nach an eine unterirdisch verlaufende Kanalisation angeschlossen, die die Abwässer über Hauptsammler in die Saale leiteten. 1915 wurde dann auf dem Tafelwerder nördlich von Halle die städtische Kläranlage in Betrieb genommen. Dazu wurde entlang der Saale ein Hauptsammelkanal errichtet, der noch heute in Betrieb ist.

Neben der Abwasserentsorgung war die Trinkwasserversorgung das vordringlichste Problem zur Seuchenbekämpfung. Nach nur einjähriger Bauzeit wurde 1867 das Wasserwerk in der Elsteraue in Beesen in Betrieb genommen. Die Anlage des Wasserwerks wurde im Laufe der Stadtentwicklung fortlaufend erweitert. Im Zuge der Neuerschließung von Wohnvierteln im Norden der Stadt wurde 1899 der 54 Meter hohe Wasserturm Nord in Betrieb genommen, der noch bis 1965 in Betrieb war.

Nachdem Stadtgas nicht nur für die Stadtbeleuchtung, sondern zunehmend auch in den Haushalten für das Kochen und Heizen sowie in der Industrie eingesetzt wurde, nahm 1891 das Gaswerk am Holzplatz seine Produktion auf. Nach der 1972 eingestellten Gasproduktion lag das Areal lange im Dornröschenschlaf, erlebt aber aktuell als Bildungscampus mit dem neu errichteten Planetarium im ehemaligen Gasometer eine Renaissance.

Der Siegeszug der Elektrizität als fester Bestandteil der städtischen Infrastruktur hielt in Halle vergleichsweise spät Einzug. 1901 wurden erstmals im Kraftwerk am Holzplatz eine nennenswerte Menge an Strom erzeugt und Leitungen im Stadtgebiet verlegt. Bereits 20 Jahre später war dessen Leistungsfähigkeit erschöpft, sodass in Trotha ein neues Kraftwerk errichtet wurde. Im Stadtgebiet verteilt wurden Umspann- und Umformstationen errichtet, die zum großen Teil noch heute

Wasserturm Nord am Rande des Paulusviertels.

in Betrieb sind und wie die Station am Hallmarkt mit zum Teil aufwendiger Architektur in das Stadtbild eingepasst wurden.

Die Straßen der modernen Großstadt wurden zu technischen Bauwerken mit dauerhaftem Belag und unterirdischen Leitungssystemen. Die Freitreppen vor den Gebäuden wurden nach und nach entfernt, auf den Straßen, die zuvor je nach Wetterlage staubigen oder schlammigen Feldwegen glichen, wurde der Fußgänger- und Fahrverkehr getrennt. Der Bordstein diente nun als Ablaufrinne für das Regenwasser, das über die Kanalisation abgeleitet wurde.

26 Der Braunkohlebaron von Halle
Carl Adolph Riebeck

In ärmlichen Verhältnissen aufgewachsen, erkennt Carl Adolph Riebeck, dass bis dato als minderwertig angesehene Braunkohlensorten zur Paraffinherstellung geeignet sind, und verdient schon bald ein Vermögen. Bald wird er zu einem der angesehensten Bürger von Halle.

Der hallesche Bankier Lehmann ist skeptisch, als Carl Adolph Riebeck ihn 1859 um einen Kredit von 20.000 Talern für ein Unternehmen zur Destillation von Braunkohle bittet. Die ersten Erfahrungen mit Investitionen in die Braunkohlenbranche waren ernüchternd. Auch gegenüber der Person Riebeck, der keinen Berufsabschluss vorweisen kann, gibt es Vorbehalte. Riebeck jedoch lässt nicht locker; schließlich gewährt ihm das Bankhaus den Kredit zu horrenden Bedingungen. Riebeck aber ist sich sicher, dass er das Geschäft seines Lebens macht.

In Clausthal 1821 geboren, wächst der Bergmannssohn in ärmlichen Verhältnissen auf. Bereits als Zehnjähriger muss Carl Adolph als Pochjunge das Erz vom tauben Gestein schlagen, um mit dem kargen Lohn das Überleben der Familie zu sichern.

Mit 18 geht er ins Mitteldeutsche Braunkohlenrevier und arbeitet sich dort zum Steiger und Bohrmeister hoch. Nach verschiedenen Stationen wird er schließlich Obersteiger und Berginspektor der damals bedeutenden Sächsisch-Thüringischen Aktiengesellschaft mit Sitz in Halle. Bald erkennt er den Wert der bis dahin als minderwertig angesehenen „gelben Kohle“ mit ihrem hohen Bitumengehalt zur preiswerten Herstellung von Kerzen.

Er setzt alles auf eine Karte. Mit dem Kredit vom Bankhaus Lehmann kauft Riebeck Kohlenfelder in Webau, Rössuln, Aupitz und Reußen und gründet kleine Fabriken. Die fabrizierten Kerzen finden reißenden Absatz. Auch der Bankier Lehmann macht glänzende Geschäfte. 1866 verlegt Riebeck seinen Wohn- und Geschäftssitz nach Halle.

Die geförderte Kohle jedoch wird bald bitumenärmer und der Wettbewerb durch die amerikanischen Petroleumgesellschaften schärfer. Riebeck sieht sich daher nach einem neuen Produkt um und entdeckt das Brikett. Er kauft weitere Braunkohlengruben in Ammendorf und im Oberröblinger Revier und steigt in die Brikettproduktion ein. 1882 ist er der bedeutendste Briketterzeuger Deutschlands und beliefert Großstädte wie Berlin, Leipzig und Halle.

Die Arbeitsbedingungen in den Riebeck'schen Gruben und Fabriken sind wie in dieser Zeit üblich äußerst hart. Kohlestaub, Benzoldämpfe, ohrenbetäubender Lärm, unerträgliche Hitze und Erschütterungen durch die Brikettpressen sind an der Tagesordnung. Gleichwohl gibt es zahlreiche Berichte über Riebecks Wohltätigkeit. Der „Braunkohlebaron“ wird einer der angesehensten Bürger der Stadt Halle und Stadtverordneter.

Paul-Riebeck-Stiftung mit Innenhof und Brunnen.

Als Riebeck 1883 mit 61 Jahren stirbt, gehören ihm 15 Kohlebergwerke, 3 Mineralölfabriken, 31 Schwelerein, 27 Brikettpressen, 13 Ziegeleien, die Reudnitzer Brauerei in Leipzig und eine Handvoll Rittergüter. Sein Sohn Emil stirbt jedoch bereits zwei Jahre nach dem Tod seines Vaters. Der jüngere Sohn Paul hatte mit den Geschäften seines Vaters nicht viel im Sinn und gibt die Aktien 1888 an die Börse. Mit 30 Jahren stirbt auch er in Yokohama in Japan auf einer Weltreise. In seinem Testament verfügte er, einen Teil seines Erbes der Stadt Halle mit der Auflage zu schenken, daraus eine Stiftung für Alte und Kranke zu schaffen. 1896 wird das Paul-Riebeck-Stift im Süden der Stadt Halle als städtische Altersversorgungsanstalt eingeweiht. Die Stiftung beschäftigt heute über 400 Mitarbeiter im Bereich der Alten- und Behindertenhilfe.

27 Hoffmanns Tropfen und Meckels Skelett

Halles berühmte Mediziner

In ihrer mehr als 300-jährigen Geschichte wirkten zahlreiche bedeutende Persönlichkeiten der Medizin an der halleschen Universität – von Hoffmann, Meckel, Reil und Krukenberg bis zu Volkmann hinterließen sie ihre Spuren in Halle.

Zu ihrer Gründung 1694 wurde Friedrich Hoffmann, der bis in die heutige Zeit durch seine Hoffmannstropfen bekannt ist, als erster Professor der Medizinischen Fakultät nach Halle berufen. Hoffmann gilt als der meistgelesene medizinische Autor der 18. Jahrhunderts und leistete einen beachtlichen Beitrag dazu, dass die junge hallesche Universität schon bald über die Landesgrenzen hinaus Beachtung fand.

Knapp 100 Jahre später traten zwei Persönlichkeiten der Medizin an der halleschen Friedrichs-Universität

hervor – Philipp Friedrich Theodor Meckel und Johann Christian Reil. Meckel machte sich insbesondere durch sein Vermächtnis unsterblich, welches damals in der Öffentlichkeit großes Aufsehen erregte. Sein Skelett sollte in seiner anatomischen Sammlung aufbewahrt werden, wo es bis heute zu sehen ist. Sein Fakultätskollege Johann Christian Reil, 1759 in Ostfriesland geboren, promovierte 1782 in Halle zum Doktor der Medizin und übernahm 1788 den Lehrstuhl an der Universität. Gleichzeitig wurde er zum Stadtphysikus berufen. Reil wurde rasch zu einem der angesehensten Mediziner seiner Zeit. Besondere Verdienste erwarb er sich auf dem Gebiet der Psychiatrie, ein Begriff, der durch Reil eingeführt wurde. Bis zum Ende des 18. Jahrhunderts wurden psychisch Kranke in der Regel in Zuchthäuser eingeliefert. Reil dagegen setzte sich für die Schaffung von Heilanstalten für psychisch Kranke ein, eine Idee, die in Halle erst 1844 mit der Eröffnung der Provinzial-Irrenanstalt in Nietleben umgesetzt wurde. Der Name Reil ist bis heute in der halleschen Stadtgeschichte verwurzelt.

Peter Krukenberg, der 1814 an die Medizinische Fakultät berufen wurde und der Reils Tochter heiratete, initiierte den Klinikneubau am Domplatz, in dem sich heute das Zoologische Institut befindet, und integrierte die klinische Ausbildung in den Fächern Chirurgie, Gynäkologie, Psychiatrie in die Universität, wodurch Halle zum Vorbild für andere deutsche Universitäten wurde.

Ein weiterer herausragender Mediziner der halleschen Universität war Richard von Volkmann, der zu den bedeutendsten Chirurgen des 19. Jahrhunderts zählt. 1863 wurde er Professor an der Universität. Zu dieser Zeit starben trotz verbesserter Methoden in der Chirurgie noch immer bis zu 75 Prozent der operierten Patienten an Wundinfektionen. Bereits 1847 entdeckte Ignaz Philip Semmelweis in Wien die herausragende Wirkung der Desinfektion, sie wurde von der Fachwelt jedoch lange Zeit kaum beachtet. Erst 20 Jahre später entwickelte Joseph Lister in Glasgow die antiseptische Wundbehandlung mit Karbolsäure. Volkmann übernahm 1872 versuchsweise die Behandlungsmethode und war vom Erfolg selbst vollkommen überrascht. Durch den Einfluss von Volkmann verbreitete sich die Antisepsis schnell in den Operationssälen der deutschen Krankenhäuser. Die Chirurgische Klinik am Domplatz wurde bald zu klein. Volkmann setzte sich daher für einen Neubau an der Magdeburger Straße ein, 1879 wurde der nach seinen Vorschlägen errichtete Klinikkomplex eröffnet. Eine Statue aus italienischem Marmor vor der ehemaligen chirurgischen Universitätsklinik erinnert bis heute an den 1889 verstorbenen Gelehrten.

◄ Denkmal für Richard von Volkmann in der Magdeburger Straße.

28 Glück auf
Schwarzes und weißes Gold aus Halle

Zwei Rohstoffe besaßen in der Geschichte der Stadt Halle herausragende Bedeutung: Salz und Braunkohle. Die ehemaligen Tagebaue sind heute beliebte Naherholungsgebiete wie der Hufeisensee und der Heidesee.

Zunächst erfolgte der Braunkohleabbau an der Oberfläche in winterlichen Bauerngruben für Heizzwecke. Die erste urkundliche Erwähnung von Kohlenfunden in Lieskau geht auf das Jahr 1382 zurück. Der eigentliche Kohlebergbau begann um 1750. Zunächst schürfte man in Zscherben nach Braunkohle, 16 Jahre später dann in Dölau nach Steinkohle. Die Schächte im Bereich der heutigen Zechenhausstraße reichten bis zu 108 Meter in die Tiefe. Ein weiteres kleines Steinkohleabbaufeld befand sich nördlich der heutigen Wittekindstraße unter Reichardts Garten. Im Keller des Wohnhauses Wittekindstraße 27 befindet sich noch immer das Mundloch zu einem damaligen Stollen.

Mit dem Beginn der Zuckerraffination stieg der Bedarf an Brennstoff im 19. Jahrhundert schlagartig an. Der Holzbestand war schon stark dezimiert, sodass verstärkt die lange als minderwertig angesehene Braunkohle nachgefragt wurde. Zunächst dominierte der Braunkohleabbau im Tiefbau. Bedeutend im 19. Jahrhundert waren die Gruben „Carl Ernst“ in Trotha westlich der Verlängerten Mötzlicher Straße, die ab 1926 über eine Drahtseilbahn mit dem neu errichteten Kraftwerk in Trotha verbunden war. Zur gleichen Zeit erfolgte der Braunkohleabbau in der Grube „Frohe Zukunft“, die heutigen Posthornteiche entstanden als Ergebnis bergbaubedingter Bodensenkungen.

1826 wurde in Nietleben das Bergwerk „Neuglück“ eröffnet, welches über 100 Jahre Braunkohle förderte. Die Nietlebener Grube war über eine Pferdebahn mit einer Verladerutsche an der Wilden Saale verbunden, die das Porphyrmassiv am Weinberg in Tunneln durchquerte. Relikte dieses Transportsystems sind heute noch vorhanden. 1954 entstand im Senkungsgebiet der Nietlebener Grube das Volksbad Heidesee.

Weitere bedeutende Braunkohleabbaufelder befanden sich in Bruckdorf und in Ammendorf, etliche davon im Besitz von Carl Adolph Riebeck. Er hatte erkannt, dass sich die bitumenreiche Braunkohle auch als Rohstoff für die Produktion von Leuchtöl, Paraffin und Teer eignete und verdiente damit innerhalb weniger Jahrzehnte ein Vermögen.

1894 wurde das Kranken- und Genesungshaus „Bergmannstrost“ als deutschlandweit zweite Unfallklinik zur Behandlung verletzter Bergleute eröffnet.

Mit dem Beginn der Braunkohleverstromung und der chemischen Großindustrie erhöhte sich der Bedarf an Braunkohle noch einmal deutlich. Um 1900 wurde daher der Tiefbaubetrieb zunehmend durch effizientere Tagebaue abgelöst. Der Einsatz von dampfgetriebenen Großraumbaggern ermöglichte eine effizientere Gewinnung von Abraum und Kohle. Große Braunkohletagebaue

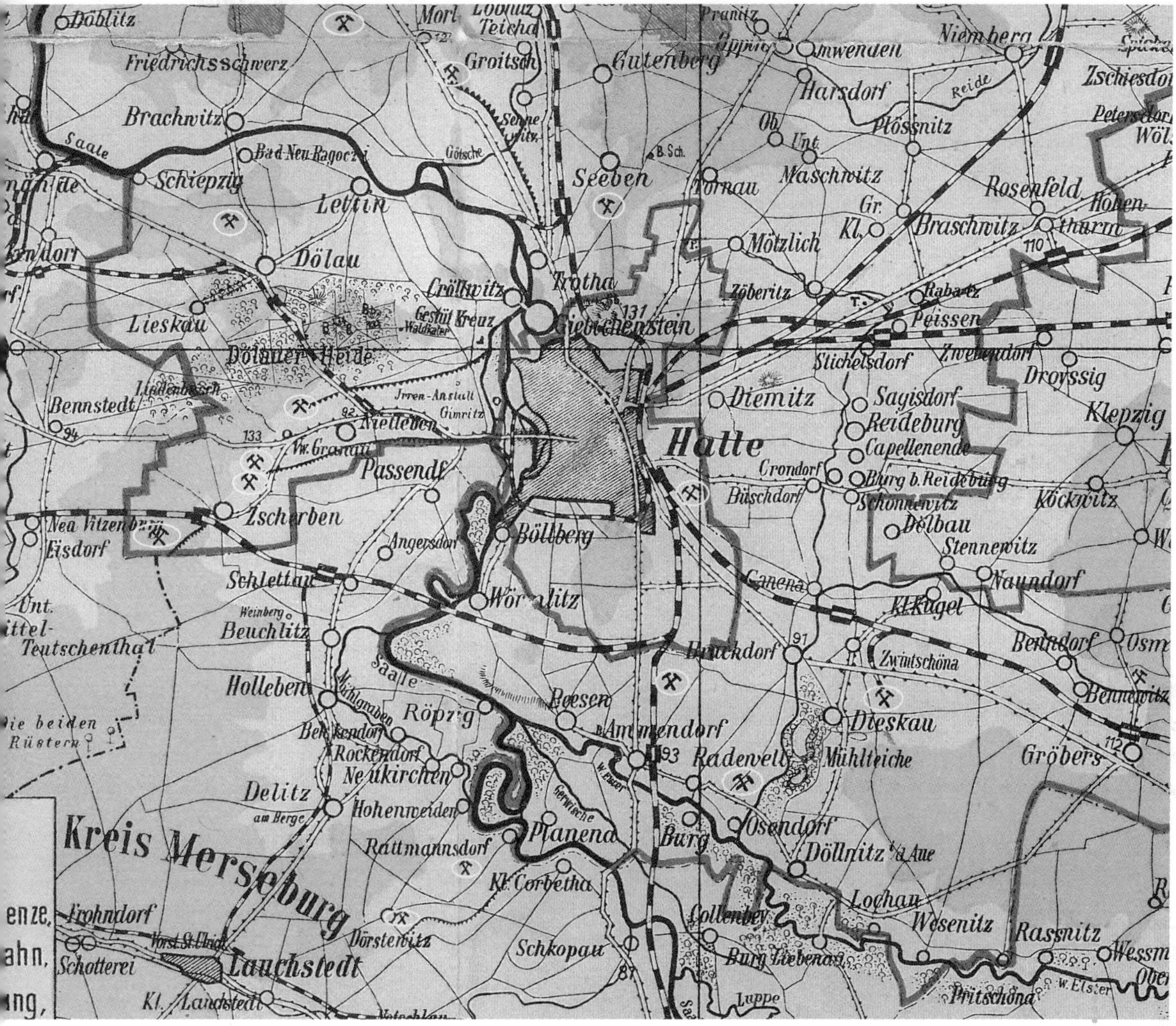

Karte des Saalkreises und der Stadt Halle um 1910;
gelb markiert sind die damaligen Bergbaustandorte.

entstanden in Bruckdorf und in Ammendorf. Sie hinterließen als geflutete Tagebaurestlöcher den heutigen Hufeisensee und den Osendorfer See. Der Braunkohlebergbau in Halle endete 1958 mit der Schließung des Bruckdorfer Tagebaus und der Grube „Carl Ernst“ in Halles Norden. Die Tagebaue wurden durch noch größere im Geiseltal, in Lochau, Bitterfeld und in Merseburg abgelöst.

In Halle existierten darüber hinaus zahlreiche Steinbrüche, in denen Hallescher Porphyr (beispielsweise am Galgenberg) und Muschelkalk (am Graebsee in Halle-Neustadt) gewonnen wurde. Daneben erfolgte der Abbau von Ton als Rohstoff für Ziegeleien (Angersdorfer Teiche) und von Kies für die Baustoffindustrie (ehemaliger Kiestagebau westlich der Pferderennbahn in den Passendorfer Wiesen).

29 „Wie lange wird es noch cröllwitzen?“ Die Kefersteinsche Papierfabrik

Als kleine Papiermühle gegründet, wurde die Kefersteinsche Papierfabrik um 1850 zum bedeutendsten Papierhersteller Preußens. 1940 musste sie nach massiven Protesten wegen der Luftverpestung schließen und ist heute ein exklusiver Wohnpark am Saalewehr.

Das Papier gelangte im 11. Jahrhundert aus dem arabischen Kulturkreis nach Europa. Allerdings dauerte es noch über 600 Jahre, bis es das aus Tierhäuten gefertigte Pergament weitgehend verdrängte.

Mit der Gründung der halleschen Universität, der Franckeschen Stiftungen und der preußischen Bürokratisierung stieg auch in Halle um 1700 der Bedarf an kostengünstigem Papier deutlich an. 1716 errichtete Zacharias Kermes mit Erlaubnis des preußischen Königs am Trothaer Wehr eine Papiermühle. Rohstoff für die Papierherstellung waren Lumpen, insbesondere aus Leinen, die von Lumpensammlern zusammengetragen wurden. Diese wurden durch von Mühlenrädern angetriebene Stampfwerke in einen Brei verwandelt. Der wurde dann mit Leim versetzt, auf durchlässigen Unterlagen geschöpft und zum Trocknen aufgehängt.

Wenig später verpachtete Kermes den Betrieb an den aus einer sächsischen Papiermüller-Familie stammenden Johann Christian Keferstein. Dessen Familie stellte über mehrere Generationen bis 1871 Papier her. Mit Keferstein begann der Aufstieg der Papierfabrik. Eigentümer waren die Kefersteins im Übrigen nie, Kermes hatte die Mühle an keinen Geringeren als August Hermann Francke verkauft.

Keferstein schickte seine Söhne nach Holland, Dänemark und England, um das Know-how der modernen Papierfabrikation in das rückschrittliche Preußen zu holen. Einen Großbrand 1823, der das gesamte Fabrikgebäude zerstörte, nutzten die Kefersteins zur erneuten Modernisierung. Der Antrieb erfolgte nun durch eine Dampfmaschine. Die ehemalige kleine Papiermühle war um 1850 zur bedeutendsten Papierfabrik in Preußen geworden.

Infolge wirtschaftlicher Schwierigkeiten erfolgte 1871 die Umwandlung in die Cröllwitzer Actien-Papierfabrik. Die Aktiengesellschaft expandierte weiter, für Antrieb sorgten jetzt Turbinen. Papier wurde nun nicht mehr aus Lumpen, sondern aus Stroh hergestellt, das in Natronlauge gekocht und mit einer Chlorkalk-Bleiche behandelt wurde. Zur besseren Verkehrsanbindung wurde ein Gleis vom Trothaer Bahnhof zum rechten Saaleufer verlegt, die Saale wurde mit einer Drahtseilbahn überwunden. 1914 beschäftigte die Gesellschaft über 600 Angestellte. Sechs Schlote ragten in den Himmel, von der Fabrik gingen massive Geruchsbelästigungen aus, die die Bevölkerung immer weniger ertragen wollte. 1927 wurde der Cröllwitzer Abwehr-Bund gegen die Luftverpestung gegründet. Die Presse schrieb: „Wie lange wird es noch cröllwitzen?“ Die

Ehemalige Kefersteinsche Papierfabrik mit Katzenbuckelbrücke und Saalewehr.

Weltwirtschaftskrise führte zusätzlich zu wirtschaftlichen Schwierigkeiten, sodass der Betrieb im Oktober 1940 vollständig eingestellt und die Schornsteine der Papierfabrik gesprengt wurden.

Nach 1945 wurde der ehemalige Papiersaal als Lager durch die DEWAG, die staatliche Werbeagentur der DDR genutzt, andere Gebäude dienten als Wohnraum. So hatte bis zu seinem Tod 1976 der bekannte hallesche Maler Albert Ebert hier sein Domizil. Eine Tafel erinnert heute an den einstigen Heizer, der zum gefeierten Künstler wurde.

Nach 1990 stand der gesamte Gebäudekomplex leer und war ein Eldorado für Lost-Places-Fans und Sprayer. Das Areal wurde seit 2010 nach und nach als exklusiver Wohnpark umgestaltet, einzig das ehemalige Turbinenhaus wartet noch immer darauf, aus dem Dornröschenschlaf erweckt zu werden.

30 Aufbruch in die Moderne
130 Jahre Straßenbahngeschichte

Durch die rasante Stadterweiterung und der Verlagerung der Industriestandorte an die Peripherie war es Ende des 19. Jahrhunderts erforderlich, ein effizientes öffentliches Personennahverkehrsnetz aufzubauen. In Halle erkannte man schneller als in anderen deutschen Städten die Vorteile der elektrischen Straßenbahnen, die bis heute auf einem der größten deutschen Streckennetze in Betrieb sind.

Seit 1878 verkehrte bereits ein erster Pferdeomnibus zwischen Marktplatz und dem Vorort Giebichenstein. 1881 fasste die Stadtverordnetenversammlung den Beschluss zum Bau einer Pferdebahn. Am 15. Oktober 1882 wurde die neue Pferdestraßenbahn mit zwei verschiedenen Strecken als Hallesche Straßenbahn AG feierlich eröffnet. Bereits im ersten Jahr wurden 1,43 Millionen Fahrgäste befördert.

Am 24. April 1891 nahm die elektrische Straßenbahn als AEG Stadtbahn Halle ihren Fahrbetrieb auf und löste nach und nach den Pferdebahnbetrieb ab. Sie war die erste deutsche Straßenbahn mit Fahrdraht und Rollenstromabnehmer, die für den kommerziellen Betrieb errichtet wurde und im Liniennetz fuhr.

Der Fortschritt wurde jedoch nicht von allen gleichermaßen begrüßt. Durch den von den Schienen entweichenden Rückstrom befürchteten Wissenschaftler des Physikalischen Instituts der Universität Beeinträchtigungen ihrer magnetischen Messinstrumente. Kein Geringerer als der spätere Nobelpreisträger für Physik Conrad Röntgen unterstützte den Protest, sodass bis 1902 ein gemischter Betrieb mit Akku und Oberleitungs-Triebwagen an dieser Stelle eingesetzt werden musste. Ungewöhnlich war auch, dass es in der Anfangszeit zwar bestimmte Haltepunkte gab, jedoch feste Haltestellen erst ab 1903 erbaut wurden.

In den kommenden Jahrzehnten wurde das hallesche Straßenbahnnetz stetig erweitert und immer wieder verändert. 1911 und 1918 erwarb die Stadt Halle zwei konkurrierende Straßenbahnunternehmen und vereinigte sie unter den Namen „Städtische Straßenbahn Halle“. Zusätzlich wurde ab 1930 der Omnibusverkehr integriert. Jedoch kam es auch zum Rückbau und Stilllegungen von Strecken nach 1945, beispielsweise in der Leipziger Straße.

Am 25. März 1952 ereignete sich ein schwerer /Straßenbahnunfall am damaligen Bahnübergang in der Beesener Straße. Ein Straßenbahnzug der Linie 1 wurde beim Überqueren des Bahnübergangs von einer Lokomotive der Hafenbahn erfasst. Es gab mehrere Tote und Schwerverletzte.

1990 gründete sich dann die Hallesche Verkehrs-AG (HAVAG) und es kam erneut zur kompletten Umgestaltung des Liniennetzes. Höhepunkt war 2006 der lang ersehnte Anschluss an den größten

Triebwagen der Stadtbahn zwischen Riebeckplatz und Hauptbahnhof 1891.

Stadtteil Halles, an Halle-Neustadt. Derzeit werden 13 Straßenbahnlinien aktiv betrieben und zahlreiche Neugestaltungen des „Projekts STADTBAHN", wie der Umbau des Rannischen Platzes oder des Steintorplatzes, sind abgeschlossen.

Im Jahr 2021 feierte das historische Straßenbahnmuseum sein 25. Jubiläum. Im ehemaligen Straßenbahndepot von 1899 in der Seebener Straße macht es seitdem die wechselvolle Geschichte der elektrischen Straßenbahn erleb- und erfahrbar. Zu sehen sind zahlreiche historische Triebwagen und Busse, die in mühevoller Kleinarbeit von den Mitgliedern des dazugehörigen Vereins Hallesche Straßenbahnfreunde e.V. restauriert und gepflegt werden. Zu Sonderfahrten können die historischen Fahrzeuge dann auch angemietet werden.

31 Mit Volldampf voraus
Die Eisenbahn in Halle

Nachdem die erste Dampflok der Magdeburg-Cöthen-Halle-Leipziger Eisenbahngesellschaft 1840 in Halle gehalten hatte, begann eine rasante Entwicklung der Stadt zu einem bedeutenden Verkehrsknotenpunkt und Güterumschlagszentrum. Diese Entwicklung setzt sich mit der 2015 vollendeten ICE-Hochgeschwindigkeitsstrecke Erfurt–Halle und der Inbetriebnahme eines der modernsten Rangierbahnhöfe Europas im Jahr 2018 bis heute fort.

Weitsichtige hallesche Unternehmer, allen voran Ludwig Wucherer, erkannten schon frühzeitig die Bedeutung der Eisenbahn als effizientes Transportmedium für eine prosperierende Wirtschaftsentwicklung. Wucherer gelang es, beim zuständigen Preußischen Ministerium zu bewirken, dass Halle bei der Streckenführung der ersten länderübergreifenden Fernbahn zwischen Leipzig und Magdeburg Berücksichtigung fand. Seit 1840 verkehrten täglich drei Personen- und zwei Güterzüge auf dieser Strecke.

Sechs Jahre später wurde die Strecke ins thüringische Weimar eröffnet, seit 1859 existiert eine direkte Verbindung zwischen Halle und Berlin. Dazu kamen dann Linien über Eisleben nach Kassel, nach Guben und Sorau, über Könnern nach Halberstadt und später dann nach Eilenburg und Hettstedt. Die Strecken wurden jeweils durch verschiedene private Eisenbahngesellschaften mit eigenen Bahnhöfen betrieben, die trotz energischer Forderungen der halleschen Wirtschaft nur ungern miteinander kooperierten. Zunächst existierten für den Thüringer und den Magdeburg-Leipziger Bahnhof unterschiedliche Bahnhofsgebäude, die über einen gemeinsamen freien Platz westlich des heutigen Hauptbahnhofs verbunden waren. Auf Drängen des „königlichen Eisenbahn-Commissariats“ wurde schließlich 1857 ein gemeinsames dreigeschossiges Empfangsgebäude errichtet. Alle diese Gesellschaften hatten zudem eigene Güterbahnhöfe. Halles Wirtschaftskreise forderten vehement die Zusammenlegung der Güter- und der Personenbahnhöfe, da die Zersplitterung zu untragbaren Zuständen führte.

Nach der Reichseinigung 1871 betrieb v.a. Kanzler Otto von Bismarck eine Entwicklung hin zum Staatsbahnsystem, da er der Eisenbahn eine große militärstrategische Bedeutung zuschrieb. Mit der schrittweisen Verstaatlichung der einzelnen Eisenbahngesellschaften in Halle begannen 1880 die Bauvorbereitungen für einen gemeinsamen Personenbahnhof und einen zentralen Rangierbahnhof.

Der neue Zentralbahnhof wurde östlich des bestehenden Empfangsgebäudes als Inselbahnhof errichtet und 1890 in Betrieb genommen. Das Bahnhofsgebäude, ein opulenter Kuppelbau in typischer wilhelminischer Repräsentationsarchitektur, konnte über einen geräumigen Vorplatz betreten werden. Aufgrund der stark angestiegenen

Hallescher Hauptbahnhof um 1900.

Fahrgastzahlen wurden 1920 der Ausgang in der heutigen Ernst-Kamieth-Straße und die Bahnsteige 1 und 2 ergänzt. 1941 wurden dann die Gleise 11 und 12 hinzugefügt. Im Zuge der Umgestaltung des damaligen Ernst-Thälmann-Platzes (dem heutigen Riebeckplatz) wurde dem damaligen Zeitgeist entsprechend eine Verkleidung der Fassade aus Plast- und Aluminiumelementen vorgenommen, die 1984 wieder entfernt wurde. Die Modernisierungen des Hauptbahnhofs dauern bis heute an.

Der zentrale Rangierbahnhof wurde 1889 in Betrieb genommen. 1916 wurde die 125 Meter lange Berliner Brücke, eine genietete Stahl-Fachwerkkonstruktion fertiggestellt, die 2006 durch eine gekrümmte Schrägseilbrücke mit einem zentralen 73 Meter hohen Stahl-Pylon ersetzt wurde. 2018 wurde die „Zugbildungsanlage Halle-Nord", eine der modernsten Anlagen ihrer Art, in Betrieb genommen.

32 Zurück zur Natur
Die Dölauer Heide

Bis zum 19. Jahrhundert wagte sich kaum ein Hallenser in die Dölauer Heide, war diese doch Zufluchtsort für Landstreicher und entflohene Soldaten. Später besann man sich wieder auf die Natur, die Heide wurde auch aufgrund ihrer vielen Lokale zum beliebten Ausflugsort.

In der Jungsteinzeit vor etwa 5.000 Jahren war der gesamte hallesche Raum bewaldet. Auf dem Gebiet der Dölauer Heide gab es bereits Siedlungen. Ein eindrucksvolles Zeugnis dieser vorgeschichtlichen Zeit sind die zahlreichen Hünengräber und die „Steinerne Jungfrau" in Dölau, Letztere ist immerhin der zweitgrößte Hinkelstein Mitteleuropas.

Ab dem Mittelalter bildeten sich auf dem Land feste Siedlungen mit Äckern heraus. Alle anderen Flächen waren eine Mischung aus Wäldern und offenen Heideflächen, auf denen das Vieh weiden konnte. Aus dieser Zeit resultiert die Bezeichnung „Dölauer Heide".

Ab 1145 gehörte das Gebiet der Dölauer Heide zum Erzbistum Magdeburg. Durch die Salinen und die anhaltende Bautätigkeit in der Stadt Halle wurden große Mengen an Holz benötigt. Ältere Bäume wurden als Bauholz und junge Stockausschläge für Brennholz genutzt. Eine aktive Aufforstung wurde nicht betrieben. Bäume wuchsen nur durch die natürliche Regeneration nach. Da die Abholzung jedoch immer stärker wurde, konnten nicht mehr genug Bäume nachwachsen und der Baumbestand war bis zum 16. Jahrhundert erheblich dezimiert.

Im Dreißigjährigen Krieg erlebte auch die Heide schwere Verwüstungen. Viele Heidedörfer wurden zerstört und große Teile des Baumbestandes abgeholzt. Die Heide war zudem Fluchtort plündernder Soldaten. Auch nach dem Krieg blieb die Heide wegen ihrer Abgeschiedenheit lange Zufluchtsort für Landstreicher und entlassene Soldaten.

Grundlegend veränderte sich das Angesicht der Heide nach der Preußischen Landreform zu Beginn des 19. Jahrhunderts. Wald und Weideland waren nun getrennt, es erfolgte eine Intensivierung der Forstwirtschaft mit Aufforstung des Waldes durch schnell wachsende Kiefern. Die Dölauer Heide wurde in dieser Zeit nach Osten hin erweitert.

Mitte des 19. Jahrhunderts begann man sich auf die Schönheit der Natur zu besinnen. Mit der Eisenbahn- und Straßenbahnanbindung wurde die Dölauer Heide zum beliebten Ausflugsort der Hallenser. Es entstanden zahlreiche Ausflugslokale, so der „Rote Mohr", der später den Namen „Waldkater" erhielt. Am Nordrand öffnete das „Heideschlösschen" und in der Nähe des Heidebahnhofs das „Waldhaus Heide", das seinerzeit ein exklusives Luftkurhotel mit Badeanstalt und Logierhaus war. 1900 öffnete in Dölau der „Heidekrug", 1932 das Lokal „Hubertus", das zu DDR-Zeiten baschkirische Nationalgerichte servierte.

Steinkiste eines jungsteinzeitlichen Grabhügels in der Dölauer Heide.

„Knolls-Hütte“ wurde zum populärsten Gartenlokal der Dölauer Heide.

Mit der Flutung des Bruchfelds entstand der Heidesee, der sich seitdem bei Generationen von Hallensern großer Beliebtheit erfreut. 1974 wurden hier zwei Prototypen für Weitstreckenwaggons aufgestellt, die ursprünglich für die sowjetische Staatsbahn gebaut, aber von ihr nicht abgenommen wurden. Die Waggons wurden zu einem Hotel mit 28 Betten und einem Restaurant umgebaut.

Der Heidewald dient inzwischen ausschließlich der Naherholung, die gesamte Fläche steht unter Landschaftsschutz. War es früher der Raubbau an Holz, bis 1990 die Luftverschmutzung, so bildet heute der Klimawandel die wohl größte Herausforderung für einen langfristigen Erhalt der Heide.

33 „Kleiner Trompeter“ Der Hornist Friedrich August Weineck

Wohl jedes Kind, das in der DDR zur Schule ging, kennt den „Kleinen Trompeter“. Der Kommunist Friedrich August Weineck, später Fritz Weineck genannt, wurde 1925 im Halleschen Volkspark durch die Polizei erschossen und später zum Märtyrer erhoben.

Für Friedrich August Weineck, den 27-jährigen Bürstenmacher aus Glaucha, seit vier Jahren verheiratet und Vater eines Kindes, war dieser 13. März 1925 ein ganz besonderer Tag. Friedrich August war überzeugter Kommunist. Am Abend war im Halleschen Volkspark ein Auftritt des frisch gekürten Präsidentschaftskandidaten der Kommunistischen Partei, Ernst Thälmann, geplant. Als Mitglied des 1924 in Halle gegründeten Roten Frontkämpferbundes war Friedrich August für den Saalschutz verantwortlich. Nicht im Traum hätte er daran gedacht, dass Jahrzehnte später Straßen, Schulen, Briefmarken und ein Hotel nach ihm benannt werden und jedes Kind weit über die preußische Provinz Sachsen hinaus seinen Namen kennen würde.

Zwischen 1918 und 1924, nach dem Ende des Ersten Weltkriegs, herrschten in Halle mehrfach bürgerkriegsähnliche Zustände. Linksradikale Kräfte, die im Arbeitermilieu in Halle starken Zuspruch hatten, versuchten mehrfach, eine kommunistische Machtübernahme nach sowjetischem Vorbild zu erzwingen. Die junge Weimarer Republik konnte sich jedoch behaupten. Halles Oberbürgermeister Robert Rive gelang es in dieser Zeit durch geschicktes und besonnenes Handeln, größere Eskalationen zu verhindern und Halle in den 1920er-Jahren wirtschaftlich und kulturell zu stärken.

Im Februar 1925 starb überraschend Reichspräsident Friedrich Ebert. Die KPD ging zur darauffolgenden Präsidentschaftswahl mit dem Hamburger Ernst Thälmann ins Rennen, dem damals noch weitgehend unbekannten Vorsitzenden des Roten Frontkämpferbundes und überzeugten Stalinisten.

Bei der Wahlkampfveranstaltung am 13. März 1925 im Halleschen Volkspark waren starke Polizeieinheiten postiert. Trotz eines Verbotes hielten zwei ausländische Kommunisten ihre Reden. Polizeioberleutnant Pietzker versuchte, die Übersetzung der Reden zu unterbinden, den Polizisten wurde von den Saalordnern des Roten Frontkämpferbundes jedoch der Zugang zur Bühne versperrt. Daraufhin erklärte Pietzker die Versammlung für aufgelöst und die Polizisten begannen, unter Einsatz von Gummiknüppeln die Bühne zu räumen. Es kam zu einem Handgemenge, bei dem Pressemeldungen zufolge auch Stühle und Bierkrüge gegen die Polizisten flogen. Daraufhin eröffneten diese ohne Befehl das Feuer und schossen in die Menge. Einer der Schüsse traf Weineck, der sofort tot war. Unter dem Druck der aus dem Saal drängenden Menschen brach im Treppenhaus ein Geländer, sodass viele Menschen in die Tiefe stürzten. 10 Menschen kamen bei diesem Blutbad zu Tode.

Thälmann-Pioniere bei der Einweihung des Denkmals des „Kleinen Trompeters" am heutigen Riveufer am 14. August 1958.

Die Kommunisten versuchten aus dem Blutbad politisches Kapital zu schlagen. Ihnen kam zupass, dass einer der Getöteten – Friedrich August Weineck – Hornist im Spielmannszug des Roten Frontkämpferbundes war und es bereits ein beliebtes sentimentales Lied über einen gefallenen Trompeter im Ersten Weltkrieg gab: „Von allen Kammeraden". Der PR-Coup gelang. Die Überhöhung Weinecks fand schließlich in der DDR ihren Höhepunkt. Straßen, Schulen, sogar das Ferienhotel in Oberhof wurden nach ihm benannt. Am Rive-Ufer stand zwischen 1958 und 1992 ein Denkmal, das Lied mit der Textzeile „… ein lustiges Rotgardistenblut …" und die Geschichte vom „Kleinen Trompeter" waren fester Bestandteil im Lehrplan aller Schulen der DDR.

34 Ikone der Klassischen Moderne
Lyonel Feininger in Halle

Im Jahr 1929 erhielt der am Bauhaus in Dessau tätige Deutsch-Amerikaner Lyonel Feininger den Auftrag, eine Ansicht von Halle zu malen. Der Maler war von der Stadt begeistert und malte bis 1931 gleich elf expressionistische Ansichten von ihr. Drei dieser Bilder von Weltrang sind heute im Kunstmuseum Moritzbug in Halle zu sehen.

Mit der Gründung des Städtischen Museums für Kunst und Kunsthandwerk 1885 in der Moritzburg wurde der Grundstein für eine umfangreiche, außerordentliche Kunstsammlung gelegt, welche bis heute die hallesche Kunstszene prägt. In den 1920er-Jahren wurde Halle durch sein Kunstmuseum und das Aufstreben der Kunstgewerbeschule Burg Giebichenstein zu einer bedeutenden Stadt der Künste in Deutschland.

Wesentlichen Anteil daran hatten Oberbürgermeister Richard Robert Rive und Museumsdirektor Alois J. Schardt, der die Ausrichtung des Museums auf die Kunst der Moderne vorantrieb. Für ein Auftragswerk richteten sie Lyonel Feininger, seinerzeit bereits einer der führenden Vertreter der Klassischen Moderne, 1929 im Torturm der Moritzburg ein Atelier ein, das Feininger ebenso wie die Stadt Halle selbst begeisterte: „The tower is just beautiful and I can paint so well, with the light from the north and east, when the sun is closed off from the west. Halle is the most delightful town!" Feiniger blieb bis schließlich 1931 in der Saalestadt. Hier entstand nach Skizzen und Fotografien ein Zyklus von elf expressionistischen Stadtansichten Halles sowie 29 Zeichnungen, die von der Stadt für ihr Museum erworben wurden.

In der Zeit des Nationalsozialismus wurden Feiningers Kunstwerke dann als „entartet" erklärt. Insgesamt 400 Werke mussten 1937 aus deutschen Museen entfernt werden, darunter auch die Halle-Bilder des halleschen Kunstmuseums. Einige der Halle-Gemälde wurden in der im selben Jahr stattfindenden Propagandaschau „Entartete Kunst" in München als solche angeprangert. Im gleichen Jahr emigrierte Lyonel Feininger nach New York.

Nach 1948 gelang der Rückerwerb des Gemäldes „Der Dom zu Halle" und 1957 des Werkes „Marienkirche mit dem Pfeil", die heute beide in der Moritzburg zu besichtigen sind. Außerdem konnte die Stiftung Moritzburg 2009 das verschollen geglaubte Gemälde „Roter Turm I" zurückerwerben. Die drei Feininger-Werke werden heute auf der Feininger-Empore – mit fantastischem Panoramablick auf Dom und Marktkirche – gezeigt.

In der halleschen Altstadt installierte man gegenüber den von Feininger gewählten Motiven Stelen mit der Darstellung seiner Werke, die diese somit erlebbar machen. Im Zuge des Bauhaus-Jubiläums 2019 entstand eine neue Stadtführungs-App zu Feiningers Halle-Bildern und seinen Stationen in Halle. Zudem trägt das Neue Städtische Gymnasium am Hallmarkt seit Februar 2020 den Namen des Künstlers.

Blick zum Torturm
der Moritzburg.

35 Das dunkelste Kapitel
Halle im Nationalsozialismus

Nach der Machtergreifung der Nationalsozialisten am 30. Januar 1933 erfolgte auch in Halle in erschreckendem Tempo die Gleichschaltung praktisch aller Institutionen. In der Hinrichtungsstätte „Roter Ochse" wurden Hunderte Menschen ermordet.

Die Weltwirtschaftskrise hatte Halle in besonderem Maße getroffen. Bedingt durch die große Zahl an Industriearbeitsplätzen lag die Arbeitslosenquote weit über dem Reichsdurchschnitt. Die Situation stärkte insbesondere die rechtsextremen Kräfte, bei der Reichstagswahl 1932 erreichte die NSDAP in Halle einen Stimmenanteil von 41,4 Prozent. Die Hauptwählerschaft bildeten Angestellte, Handwerker und Beamte, bei denen in Sorge um einen sozialen Abstieg die Argumente der Nationalsozialisten verfingen.

Nach der Ernennung Adolf Hitlers zum Reichskanzler am 30. Januar 1933 erfolgte in rasendem Tempo die Gleichschaltung praktisch aller Institutionen der Stadt. Mit der Notverordnung wurden de facto alle Grundrechte außer Kraft gesetzt, Personen konnten ohne Anklage, Beweise oder Rechtsbeistand verhaftet werden, die Meinungs-, Presse- und Versammlungsfreiheit waren aufgehoben. Die Führungsriege der halleschen Polizei und der Justiz wurde innerhalb weniger Monate durch Nationalsozialisten ersetzt. Im März 1933 wurden zunächst führende kommunistische Funktionäre wie Kurt Wabbel und Paul Suhr verhaftet, kurze Zeit später dann KPD, SPD sowie die Gewerkschaften verboten.

Nach dem regulären Ablauf der Amtszeit von Richard Robert Rive wurde im April 1933 der NSDAP-Funktionär Johannes Weidemann als Oberbürgermeister ernannt, der das Amt bis 1945 ausübte. Es entwickelte sich ein regelrechtes Kesseltreiben gegen Linke; demokratische und republiktreue Beamte, unliebsame Beschäftigte in der Verwaltung und den öffentlichen Betrieben wurden kurzerhand entlassen. Eine wichtige Rolle bei diesen Säuberungen spielten die Sondergerichte, an denen die Angeklagten in vereinfachten und beschleunigten Verfahren abgeurteilt wurden. Halle war der Sitz des Sondergerichtes Mitteldeutschland. Als Gefängnis- und Schutzhaftlager wurde die „Preußische Straf-, Lern- und Besserungsanstalt" im Volksmund „Roter Ochse" genannt. 1942 wurde der „Rote Ochse" dann zu einer Stätte ausgebaut, in der 549 Menschen hingerichtet wurden.

Auch die halleschen Kirchen unterwarfen sich zum größten Teil der nationalsozialistischen Gleichschaltung. Eine Hochburg der Bekennenden Kirche, die sich gegen den allzu starken Eingriff des nationalsozialistischen Staates in den Bereich aussprach, war die Gemeinde St. Laurentius. Einige der Bekenntnispfarrer wurden später verhaftet und von dem Sondergericht abgeurteilt.

Gedenkstätte „Roter Ochse" am Kirchtor.

Die NS-Rassenpolitik wurde auch in Halle rigoros durchgesetzt. An den Schulen wurden Erhebungen zur „arischen Abstammung" der Schüler durchgeführt. In der Universitätsklinik Halle wurden mehr als 1.400 Frauen und Mädchen aus „erbbiologischen Gründen" sterilisiert. Auf dem Gertraudenfriedhof sind zahlreiche Urnen vergaster Psychiatriepatienten aus Halle beigesetzt.

Auch das kulturelle und geistige Leben der Stadt war binnen kurzer Zeit von der nationalsozialistischen Ideologie beherrscht. Am 12. Mai 1933 wurden auf dem Universitätsplatz im Beisein des Rektors Stieve und des Oberbürgermeisters Weidemann Bücher von mehr als 140 Autoren aus öffentlichen Bibliotheken verbrannt, die zuvor von einem „Zentralausschuss zur Durchführung der nationalen Revolution" ausgewählt worden waren. Aus dem Kunstmuseum der Stadt musste „entartete Kunst" entfernt werden. Das gesamte öffentliche, kulturelle und geistige Leben der Stadt war der nationalsozialistischen Ideologie unterworfen.

36 Kunst anders formen
Kunsthochschule BURG Giebichenstein

Die Kunsthochschule konnte sich in Auseinandersetzung mit den Visionen der Moderne und aus der Erfahrung ihrer Werkstätten heraus in ihrer über 100-jährigen Geschichte immer wieder verwirklichen.

Der Gründungsdirektor Paul Thiersch, ein leidenschaftlicher und künstlerischer Architekt, entwickelte ab 1915 aus einer kleinen Abteilung der städtischen Handwerkerschule eine Kunstgewerbeschule, die den Reformideen des 1907 gegründeten Werkbunds folgte.

Bis 1925 wurde die Handwerkerschule durch ihn zu einer modernen, an der Praxis orientierten Kunstgewerbeschule mit ausbildenden und produzierenden Werkstätten. 1920 zog die Schule mit ihren Werkstätten in die Räumlichkeiten der Unterburg Giebichenstein, die namensgebend wurde. Hier gab es künstlerische Fachklassen mit angeschlossenen Lehrwerkstätten, in denen die Ausbildung ohne akademische Einengungen erfolgte.

Mit dem Umzug des Bauhauses von Weimar nach Dessau ab 1925 kam eine Reihe von Bauhäuslern an die Burg, unter deren Einfluss sich die Positionen der Schule „zwischen gewagtem Experiment und gemäßigter Modernität" festigten. Mit den Erzeugnissen ihrer Werkstätten auch bei größeren Ausstattungsaufträgen erwarb sich die Schule einen nachhaltig guten Ruf als eine der einflussreichsten deutschen Kunstschulen. Mit beispielhaften Projekten wurde sie als ein Gesamtorganismus vorgestellt, der sich aus der kreativen Individualität seiner Lehrer und Schüler speiste. Ein „unbändiges Vergnügen", so der Künstler und Publizist Wilhelm Nauhaus, waren für die junge Gemeinschaft die Puppenspiele, mit denen sie zwischen 1918 und 1933 an die Öffentlichkeit trat.

Die Erfolge, die die Schule mit ihren Produkten erlangte, führten schon auf den Grassi-Messen und internationalen Ausstellungen in den 1930er-Jahren vielfach zu Aufträgen für die „Werkstätten der Stadt Halle". Die Gestaltungen der Kunstschule prägten auch die Stadt Halle und Umgebung. Ein ganzer Ausstellungsraum ist dem Flughafen Halle-Leipzig und seinem von den Werkstätten der Hochschule ausgestatteten Restaurant gewidmet, das ein Glanzpunkt moderner Architektur war.

Die Hochschule fand immer wieder zur Ausgewogenheit von Ästhetik und Funktionalität – trotz der unterschiedlichsten Staats- und Regierungsformen in den Jahren 1933 bis 1989 und damit jeweils einhergehenden politischen Vorgaben sowie existenzbedrohenden Turbulenzen in Bezug auf ihre künstlerische Gestalt. Die Moritzburg zeigte Arbeiten aus den verschiedenen Werkstätten für die serielle Gestaltung und für die industrielle Produktion, die weiterhin Gültigkeit besitzen. Viele werden noch aus eigenem Erleben die Entwürfe für die Konsumgüterproduktion aus Kunststoff, für Systemmöbel und komplexe Einrichtungsprogramme wie MDW oder auch die komplexe Arbeitsumweltgestaltung für das Fahrradwerk Mifa in Sangerhausen kennen.

Burg Giebichenstein Kunsthochschule Halle, heutiger Campus Design.

Die „Burg“ ermutigt bis heute dazu, individuelle und eigensinnige Wege zu gehen. Die Hochschule investierte in internationale Kontakte und Aktivitäten. Im Rahmen des Erasmus-Programms unterhält sie Kooperationsvereinbarungen mit 53 Partnerschulen in 20 Ländern innerhalb Europas, daneben bestehen direkte Kontakte mit Kunsthochschulen in Kanada, Japan, den USA, China, Indien, Vietnam und Kuba. An der Hochschule, bestehend aus dem Campus Design, dem Campus Kunst, dem Hermes-Gebäude und der Burg Galerie, sind heute mehr als 1.000 Studierende aus vielen Ländern der Welt immatrikuliert.

37 Der Vernichtung entkommen
Halle im Zweiten Weltkrieg

Halle blieb von Flächenbombardements im Zweiten Weltkrieg weitgehend verschont. Als die amerikanischen Truppen am 16. April 1945 vor den Toren der Stadt standen und die totale Vernichtung androhten, verhinderte dies eine Riege besonnener und mutiger Männer auf beiden Seiten.

Ab 1935 wurden die Hallenser zu Luftschutzmaßnahmen geschult. „Hauswarte" bereiteten Dachböden und Keller für mögliche Bombardierungen vor. Es entstanden Luftschutzräume in Wohnhäusern, öffentlichen Einrichtungen und Betrieben. In Halle entstanden 14 Luftschutzbunker, die größten am heutigen Georg-Schumann-Platz, unter dem Universitätsplatz und an den Klausbergen.

Zwischen September 1939 und April 1945 wurde in Halle 553 Mal Fliegeralarm ausgelöst, meist bei Über- oder Vorbeiflügen alliierter Bombenverbände. Immer wieder mussten die Hallenser oft stunden- oder nächtelang in den Schutzräumen ausharren.

Die ersten Luftangriffe trafen Halle bereits im August 1940. Ab Mai 1944 war Halle dann regelmäßig Ziel britischer Bomberstaffeln, die vorrangig die Siebel Flugzeugwerke in der Frohen Zukunft zum Ziel hatten. Die schwersten Angriffe ereigneten sich am 27. Februar 1945 und am Karsamstag, dem 31. März 1945. Betroffen waren bei diesem Angriff besonders der Hauptbahnhof, die Innenstadt und die Südstadt. Wertvolle Kulturdenkmäler wie das Alte Rathaus, die Ratswaage, das Hauptgebäude der Franckeschen Stiftungen, der Stadtgottesacker und die Hallesche Marktkirche wurden teilweise schwer beschädigt. Ungeachtet dessen gilt Halle als eine der im Zweiten Weltkrieg am wenigsten zerstörten Großstädte.

Um die letzten Kriegstage und die Rolle von Felix Graf Luckner (1881–1966) wird seit Jahrzehnten kontrovers diskutiert. Die weitgehend friedliche Übergabe der Stadt an die amerikanischen Verbände war letztlich mehreren mutigen und besonnenen Akteuren auf beiden Seiten zu verdanken.

Am 15. April kämpften sich die amerikanischen Truppen bis zum halleschen Zoo vor und drängten auf eine baldige Einnahme der Stadt. Tags zuvor hatte die Wehrmacht zahlreiche Brücken in Halle sprengen lassen. Am 16. April beschoss amerikanische Artillerie als Zeichen ihrer Entschlossenheit die Stadt und zerstörte die Spitze des Roten Turmes. Die Amerikaner drohten, die Stadt mit einem Flächenbombardement zu vernichten.

Führende Vertreter der Stadt, unter ihnen der Direktor des Elisabeth-Krankenhauses Professor Walter Hülse, rangen dem Wehrmachtskommandanten Rathke nach zähen Verhandlungen die Zusage ab, seine Truppen in den Süden der Stadt zurückzuziehen. Felix Graf Luckner erhielt daraufhin am 16. April den Auftrag, den kommandierenden General der Amerikaner, Terry Allen, davon in

Altes Rathaus mit Kriegsschäden vor dem Abriss im Jahr 1948.

Kenntnis zu setzen und die Rücknahme des Bombardierungsbefehls zu erreichen. Luckner fuhr in Begleitung von Major Huhold durch die amerikanischen Linien zum General. Graf Luckner, der durch zahlreiche Vorträge meist über seine Erlebnisse im Ersten Weltkrieg auch in den USA bekannt war, überzeugte Allen, den Angriffsbefehl zunächst um zwölf Stunden zu verschieben, bis der Rückzug der Deutschen nach Süden abgeschlossen war. Nach seiner Rückkehr erfuhr Luckner, dass er durch das Führerhauptquartier aufgrund seiner Mission zum Tode verurteilt worden war, und floh zu den Amerikanern.

Die amerikanische Infanterie drang tags darauf kampflos bis zum Rannischen Platz vor. Nach zweitägigen Kämpfen zogen sich die deutschen Truppen schließlich zurück, die totale Vernichtung der Stadt war abgewendet.

38 Sowjetische Panzer in Halle
Der 17. Juni 1953

Nachdem tags zuvor in Berlin die Bauarbeiter in der Stalinallee gestreikt hatten, entwickelte sich am 17. Juni 1953 Halle zu einem der Zentren des Volksaufstands. Auf dem Hallmarkt versammelten sich etwa 60.000 Menschen, bis sowjetische Panzer die Versammlung schließlich auflösten.

Die Wirtschaft im halleschen Raum war durch die Zerstörungen im Zweiten Weltkrieg, die Demontage von Industrieanlagen im Zuge der Reparationsleistungen an die Sowjetunion und Fehlentwicklungen in der Planwirtschaft geschwächt. Dies sollte durch höhere Steuern und Abgaben sowie eine Anhebung der Arbeitsnormen kompensiert werden. Das führte zu Unmut in den halleschen Maschinenbaubetrieben, in den Chemiewerken und den halleschen Braunkohletagebauen. Die Grundnahrungsmittel wurden acht Jahre nach Kriegsende noch immer mit Lebensmittelkarten zugeteilt, die Preise der staatlichen Handelsorganisation (HO) lagen deutlich über dem Niveau der Bundesrepublik. Das Wohlstandsgefälle zu Westdeutschland vergrößerte sich von Jahr zu Jahr, entsprechend angespannt war die Stimmung der Bevölkerung in Halle. Die massive Erhöhung der Arbeitsnormen brachte das Fass schließlich zum Überlaufen.

Bauarbeiter legten am 16. Juni 1953 auf zwei Berliner Großbaustellen in der Stalinallee die Arbeit nieder, es kam zu einer spontanen Demonstration in der Innenstadt, für den nächsten Tag wurde zu einem Generalstreik aufgerufen. Am kommenden Tag legte daraufhin die Frühschicht in der Waggonfabrik in Ammendorf ihre Arbeit nieder und formierte sich zu einem Demonstrationszug in Richtung Stadtmitte. Halle entwickelte sich in wenigen Stunden zu einem Schwerpunkt der Erhebung. Die Streikleitung hatte Kontakt mit anderen Betrieben aufgenommen. Der Demonstrationszug, der über die Stalinallee (heute Merseburger Straße) führte, nahm rasch auf etwa 10.000 Menschen zu. Die Demonstranten versuchten, das Justizverwaltungszentrum am Hansering, das Frauengefängnis in der Kleinen Steinstraße und die Haftanstalt „Roter Ochse“ zu stürmen. Die Volkspolizei erhielt um 14.00 Uhr einen allgemeinen Schießbefehl. Um 18.00 Uhr versammelten sich ca. 60.000 Menschen auf dem Hallmarkt und forderten freie Wahlen, eine 40-prozentige Senkung der HO-Preise und den Rücktritt der Regierung. Um 18.30 Uhr wurde in Halle der Ausnahmezustand bekannt gegeben, sowjetische Panzer der in Halle stationierten Garnison lösten die Versammlung schließlich auf. Insgesamt wurden an diesem Tag in Halle sieben Demonstranten bzw. Unbeteiligte getötet.

In den meisten Betrieben wurde am nächsten Tag unter dem massiven Druck der staatlichen Stellen die Arbeit wiederaufgenommen. Die Waggonfabrik in Ammendorf und das Karosseriewerk wurden durch Polizeikräfte besetzt. Noch in der Nacht des

Demonstrationen am 17. Juni 1953 am Marktplatz, Ecke Talamtstraße.

17. Juni begann eine massive Verhaftungswelle, viele der Inhaftierten kamen in die Untersuchungshaftanstalt der Staatssicherheit im „Roten Ochsen".

Die geschichtliche Darstellung der Ereignisse war in der DDR und in der Bundesrepublik höchst unterschiedlich. Während die SED-Geschichtsschreibung einen „Konterrevolutionären Putschversuch" sah, wurde der Tag in der Bundesrepublik als antistalinistischer Volksaufstand betrachtet und zum Feiertag „Tag der Deutschen Einheit" erhoben.

Zum Gedenken an die Ereignisse wurde in den 1990er-Jahren am Hallmarkt eine Gedenktafel mit historischen Fotos angebracht, die an die Demonstration auf diesem Platz erinnert.

39 Brot, Wohlstand, Schönheit
Stadt der Chemiearbeiter

Halle-Neustadt wurde auf dem Reißbrett als sozialistische Stadt geplant und vollständig in Plattenbauweise errichtet. Gerade das Leitbild einer gerechten, egalitären Stadt bedingte deren Hauptproblem – die Monotonie.

Die Saale im Westen und die Bahnanlagen im Osten zwängten zu Beginn des 20. Jahrhunderts die expandierende Stadt ein, sodass die Stadterweiterung überwiegend in nördlicher und südlicher Richtung erfolgte. Bereits in den 1920er-Jahren erwog man die Erweiterung der Stadt westlich der Saale. Mit Ausnahme der Gartenstadt in Nietleben verwarf man die Idee jedoch aufgrund der ungünstigen Grundwasserverhältnisse.

1958 wurde durch die SED-Führung dann im Zuge des „Chemieprogramms der DDR“ die Ansiedlung von Arbeitskräften in der Nähe der Chemiestandorte Buna und Leuna beschlossen. „Chemie bringt Brot, Wohlstand und Schönheit“, so lautete damals die Verheißung. Nach umfangreichen Variantenstudien entschloss man sich, westlich von Halle zwischen den Dörfern Zscherben, Nietleben, Angersdorf und Passendorf die „Stadt der Chemiearbeiter“ als sozialistische Planstadt zu errichten. Halle-Neustadt sollte vollständig in Plattenbauweise erbaut werden. Als Chefarchitekt wurde Richard Paulick verpflichtet, der Assistent von Walter Gropius am Bauhaus in Dessau gewesen war. Am 9. August 1965 zogen die ersten Mieter nach Halle-Neustadt.

In den 1960er-Jahren beherrschte sowohl in Ost- als auch in Westdeutschland der Glaube an das uneingeschränkte Wachstum und die radikale Erneuerung das Denken der Planer. Halle-Neustadt stand in diesem Zusammenhang in einer urbanen Tradition der Moderne und dem Glauben an die totale Planbarkeit urbanen Lebens. Das Leitbild Halle-Neustadts war die sozialistische Stadt für eine gerechte, egalitäre Gesellschaft. Die Plattenbauwohnungen waren seinerzeit mit ihrem überdurchschnittlichen Wohnkomfort für alle sozialen Schichten attraktiv, es gab keine Arbeiterviertel und keine vornehme Wohngegend, jeder wohnte unter gleichen Bedingungen in gleichen Wohnungen. Gerade darin begründet lagen jedoch auch die von vielen empfundene Monotonie und die mangelnde Individualität. Symbol dafür war der weitgehende Verzicht auf Straßennamen, stattdessen waren alle Wohnblöcke nach einem selbst für Einheimische nicht erkennbaren Prinzip durchnummeriert. Eine typische Wohnadresse lautete beispielsweise „Block 350 Haus 3“.

1967 wurde Halle-Neustadt zur eigenständigen kreisfreien Stadt erklärt, der Höchststand wurde 1980 mit fast 94.000 Einwohnern erreicht. Der Kinderanteil lag 1972 bei 33 Prozent, folglich wurde eine Vielzahl an Kindergärten und Schulen erbaut. Die Berufstätigkeit der Frauen galt in der DDR als wünschenswert, so lag die Kapazität für Kindergartenplätze bei 96 Prozent.

Ansicht von Halle-Neustadt 1982 mit Magistrale in Richtung Osten.

Das Stadtzentrum von Halle-Neustadt blieb lange unvollendet. Ursprünglich sahen die Planer hier ein 100 Meter hohes „Haus der Chemie“ als weithin sichtbare Landmarke vor. Aufgrund der sich immer weiter verschlechternden ökonomischen Situation der DDR in den 1980er-Jahren konnte dieses Vorhaben nicht umgesetzt werden.

Nach 1990 wurde Halle-Neustadt im Ergebnis einer Einwohnerbefragung wieder mit der Stadt Halle vereinigt. Die Einwohnerzahl halbierte sich, im Zuge des Stadtumbaus erfolgte der Rückbau zahlreicher Wohnungen. Seit 2010 hat sich die Einwohnerzahl stabilisiert. Die Anbindung von Halle-Neustadt an das Straßenbahnnetz, die Fertigstellung des Stadtzentrums und nicht zuletzt der hohe Grünanteil führten schließlich zu einer Aufwertung des Stadtteils.

40 Licht und Schatten
Jüdisches Leben in Halle

Halle ist durch den Anschlag auf die Synagoge im Oktober 2019 traurigerweise zu einem Sinnbild des noch immer vorhandenen Antisemitismus in Deutschland geworden. Dabei verdankt Halle seinen jüdischen Bürgern viel, die einen erheblichen Anteil am Aufstieg der Stadt im 19. Jahrhundert hatten.

Nachweislich siedelten bereits im 12. Jahrhundert Juden in Halle. Sie standen unter dem Schutz der Magdeburger Erzbischöfe und des halleschen Rates, mussten dafür jedoch Schutzgeld bezahlen. In den folgenden Jahrhunderten waren sie immer wieder Anfeindungen ausgesetzt und wurden für Naturkatastrophen und Epidemien verantwortlich gemacht. 1493 wurden sie durch Erzbischof Ernst von Wettin aus der Stadt gedrängt und ließen sich im Umland nieder. Unter Kardinal Albrecht, dessen Politik gegenüber den Juden von Toleranz geprägt war, wurde der Handel durch jüdische Kaufleute wiederbelebt, Juden siedelten sich nach und nach wieder in Halle an.

Unter der gegenüber den Juden liberalen brandenburgisch-preußischen Herrschaft lebten diese nun in Nachbarschaft mit den christlichen Hallensern. 1703 schrieb sich der erste jüdische Student Isaak Walich an der halleschen Friedrichs-Universität ein.

Bei der beginnenden Industrialisierung im 19. Jahrhundert waren die Juden in Halle ein bedeutender Wirtschaftsfaktor. 1869 wurde der neue jüdische Friedhof in der Humboldtstraße gegründet und 1885 die erweiterte Synagoge am Großen Berlin geweiht. Die liberalen Juden verstanden sich in erster Linie als Deutsche und ihr Judentum als Konfession. Ein Zeichen der glanzvollen jüdischen Vergangenheit Anfang des 20. Jahrhunderts sind die zahlreichen jüdischen Warenhäuser am Marktplatz und in der Großen Ulrichstraße, die Halle das Gesicht einer europäischen Großstadt verliehen.

Gleichzeitig mit deren Aufstieg nahmen auch in Halle die Vorbehalte gegenüber den Juden zu. Zum Ende der Weimarer Republik häuften sich Boykottaufrufe gegen jüdische hallesche Kaufleute, die sich nach der Machtergreifung der Nationalsozialisten weiter verstärkten. Bis 1938 mussten unter dem zunehmenden Druck etwa 60 Prozent aller jüdischen Geschäfte in Halle aufgeben. In den frühen Morgenstunden des 10. November 1938 wurde die Synagoge am Großen Berlin geplündert und ebenso wie die 1929 eingeweihte jüdische Trauerhalle in der heutigen Dessauer Straße in Brand gesteckt. Zahlreiche Wohnungen jüdischer Bewohner wurden überfallen, etwa 200 Männer verhaftet und größtenteils ins KZ Buchenwald abtransportiert. Bis 1941 waren etwa zwei Drittel der halleschen Juden ausgewandert. Die Deportation der

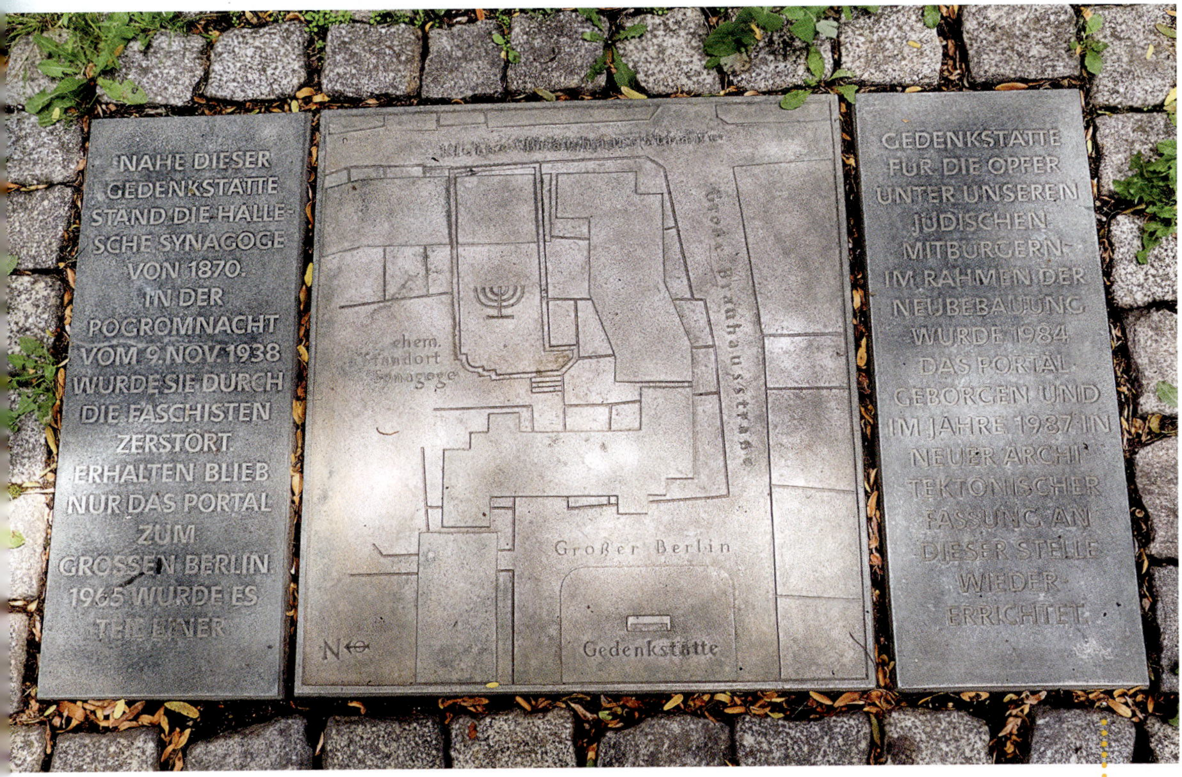

Die im Boden eingelassene Gedenktafel erinnert an die 1938 in der Pogromnacht zerstörte Synagoge am Großen Berlin.

halleschen Juden begann 1942, der fast alle zum Opfer fielen.

Zu DDR-Zeiten lebten nur wenige Juden in Halle. Dies änderte sich durch die Anfang der 1990er-Jahre einsetzende Zuwanderung aus den Staaten der ehemaligen Sowjetunion. 2003 schloss sich die Stadt Halle dem „Stolperstein-Projekt“ an, mit dem der Opfer des Nationalsozialismus gedacht wird, die in Halle lebten und wirkten. Am Jerusalemer Platz erinnert zudem eine Gedenkstätte, die unter der Verwendung von Resten des Westportals der zerstörten Synagoge errichtet wurde, an die jüdischen Opfer des Nationalsozialismus.

2005 zählte die wiedererstarkte jüdische Gemeinde Halle etwa 700 Personen. Als Synagoge wird die ehemalige Trauerhalle des jüdischen Friedhofs in der Humboldtstraße genutzt, die am 9. Oktober 2019 durch den Terroranschlag, dem zwei Menschen zum Opfer fielen, zu trauriger Bekanntheit gelangte.

41 Der Brandmelder im Turm
Feuerschutz in der Saalestadt

Eines der Highlights der Stadt sind die Hausmannstürme. Auf den imposanten halleschen Markttürmen der Marktkirche hielt eine wichtige Person über die Sicherheit der Bürger Wache, der Türmer. Oft wurde er der Hausmann genannt, wonach die Türme ihren Namen erhielten.

Der Türmer beobachtete aus 43 Metern Höhe die Häuser der Stadt und hielt nach Feuer und Rauch Ausschau, um gegebenenfalls optisch und akustisch Alarm zu schlagen. Somit zählte er zu den wichtigsten Personen im Feuerschutz der alten Stadt.

Am Tag wurde die Richtung des Brandes mit einer roten Fahne und nachts mit einer roten Laterne angezeigt. Durch festgelegte mehrmalige Glockenschläge in bestimmten zeitlichen Abständen konnte bereits der ungefähre Brandort – Vorstadt, Marktbereich oder das Stadtviertel – bestimmt werden. Dies erhielt umso mehr Bedeutung, als auch in Halle die Brandbekämpfung durch Handwerker straßenweise organisiert war. Die Haken für die Laternen sind noch heute an den Umgängen der Türme zu finden. Wichtig war hierbei auch die Kommunikation mit dem Nachtwächter, der die gleiche Aufgabe des Brandmeldens innehatte. Neben der Verhinderung von Diebereien hatte er Brandherde mittels Horn und Feuerglocke zu vermelden. So waren Nachtwächter und Türmer ein jahrhundertelanges Erscheinungsbild zur Sicherung der Stadt.

Trotzdem wurde die alte Saalestadt mehrfach durch gewaltige Feuersbrünste zerstört. So ereignete sich im Jahre 1136 eine Feuerkatastrophe, in der nahezu die ganze Stadt abbrannte. Gleiches wiederholte sich im Jahr 1312, als nur zwei Kirchen stehen blieben. Es wird beschrieben, dass die Flammen derart zerstörerisch durch die Stadt rasten, „dass man auf dem Marktplatz von einem Stadttor zum anderen blicken konnte". Diese beiden Großbrände haben die Hallenser in ihren verheerenden Auswirkungen so sehr getroffen, dass noch bis zur Einführung der Reformation, Mitte des 16. Jahrhunderts, sogenannte Feuerpredigten in den Kirchen der Stadt abgehalten wurden.

Die rechtzeitige Wahrnehmung eines Brandes mit einer nachfolgenden Alarmierung war eine zwingende Notwendigkeit im Feuerschutz. Der letzte Türmer, der seinen Dienst auf dem Hausmannsturm in Halle verrichtete, war Gustav Otto Ziegler. Er bewohnte 30 Jahre lang, bis 1916, hoch oben mit seiner Frau und zeitweise sieben Kindern eine ca. 40 Quadratmeter „große" Turmwohnung. Die Schlafstube befand sich vermutlich im linken Turm, die Wohnstube im rechten Turm. Nahrungsmittel und Wasser wurden per Handkurbel hinaufbefördert, Notdurft und Schmutzwasser gelangten in einem Eimer über die 225 Treppenstufen hinab. Ziegler verstarb 1941. Zu den erwünschten Fähigkeiten eines Hausmanns gehörte übrigens auch die Beherrschung eines Blasinstruments, damit abends vom Turm ein Abendchoral erklingen konnte. Eine

Spitze eines der beiden Hausmannstürme mit Welscher Turmhaube.

Tradition, die lange von den Turmbläsern Halles gepflegt wurde.

Besucher können die Hausmannstürme heute täglich erklimmen und einen der schönsten Ausblicke über ganz Halle genießen. Eine 2018 überarbeitete Ausstellung informiert über das Leben der Türmer, die über 320 Jahre nach Feuer in der Stadt Ausschau hielten. Sie zeigt historische Aufnahmen und erzählt von der schlichten Türmerwohnung, welche aber mit allem Notwendigen ausgestattet war. Eine Auflistung der seit dem 16. Jahrhundert tätigen Hausmänner soll ihr Wirken im Dienste der Stadt ehren und die Erinnerungen bewahren.

Eine Besonderheit der Türme ist die Möglichkeit, hoch oben den Bund der Ehe im neu eingerichteten Turmzimmer einzugehen.

42 „… dass heute Ihre Ausreise …“
Hans-Dietrich Genscher

Unvergessen ist Genschers Rede an die Prager Botschaftsflüchtlinge im September 1989. Der in Reideburg, einem heutigen Stadtteil von Halle, geborene Politiker prägte lange die politische Landschaft der Bundesrepublik und war einer der Architekten der Deutschen Einheit.

Die letzten Tage waren reiner Nervenkrieg. In der Prager Botschaft sammelten sich seit Wochen Tausende von DDR-Flüchtlingen, die humanitären Zustände waren unerträglich. Die Gespräche mit dem DDR-Außenminister Oskar Fischer verliefen ohne Ergebnis. Durch die Unterstützung des sowjetischen Außenministers Eduard Schewardnadse konnte die DDR-Führung schließlich nach zähen Verhandlungen überzeugt werden, die Botschaftsflüchtlinge mit Zügen der Deutschen Reichsbahn über das Territorium der DDR in den Westen ausreisen zu lassen.

Mit dieser Nachricht im Gepäck stand Genscher nun am 30. September 1989 um 18.58 Uhr auf dem Balkon der Prager Botschaft. Die Nerven aller waren zum Zerreißen gespannt. Sicher dachte der Hallenser zu diesem Zeitpunkt auch an seine Flucht aus der DDR. Dann folgten die Sätze, die in die Geschichtsbücher eingingen. „Sie werden mir erlauben, dass ich den unter ihnen befindlichen Hallensern einen besonderen Gruß … [Jubel] … Wir sind gekommen …. Wir sind zu Ihnen gekommen, um Ihnen mitzuteilen, dass heute Ihre Ausreise … [unbändiger Jubel]“

Hans-Dietrich Genscher wurde am 21. März 1927 in Reideburg, damals noch ein kleines Dorf im Saalkreis, als Sohn eines Rechtsanwalts geboren. Als er sechs Jahre alt war, zog die Familie nach Halle. Der frühe Tod seines Vaters führte zu einer sehr engen Bindung des einzigen Kindes zur Mutter und prägte seinen vorsichtigen Lebensstil und seinen Hang zu Versöhnung und Ausgleich. Knapp 16-jährig, wurde er als Luftwaffenhelfer ausgebildet und im Januar 1945 der 12. Armee um General Wenck zugeordnet. Wenck führte die Einheit im Mai 1945 in amerikanische Kriegsgefangenschaft, aus der Genscher im Juni floh und nach Halle zurückkehrte.

Ein Jahr später begann er an der halleschen Martin-Luther-Universität ein Studium der Rechtswissenschaften und Volkswirtschaft, um in die Fußstapfen seines Vaters zu treten. In dieser Zeit erwachte sein Interesse am politischen Engagement. Er trat in die Liberaldemokratische Partei ein und wurde nach Abschluss seines Studiums Referendar am Halleschen Landgericht. Genscher hielt sich mit Regimekritik nicht zurück, das Klima wurde für ihn immer unerträglicher. Als sich Anzeichen einer nahenden Verhaftung mehrten, flüchtete er – getarnt als Urlaubsreise – im August 1952 über West-Berlin nach Bremen. Er trat in die FDP ein und schaffte rasch den Aufstieg in der Partei. 1965 wurde er Mitglied des Deutschen Bundestages,

Bundesaußenminister Hans-Dietrich Genscher empfängt zwei Vertreter der Halloren-Salzwirkerbrüderschaft am 11. Januar 1976.

1969 Bundesinnenminister unter Willy Brandt und 1974 schließlich unter Helmut Schmidt Außenminister. Dieses Amt hatte er dann 18 Jahre lang inne.

Genscher warb im Kalten Krieg für eine aktive Entspannungspolitik der beiden Blöcke. Von der Dynamik der Ereignisse im Herbst 1989 wurde auch der Hallenser förmlich überrannt. „Die Stunden in der Deutschen Botschaft in Prag gehörten", so Hans-Dietrich Genscher im Rückblick, „zu den bewegendsten meines Lebens."

Sein modisches Markenzeichen war der gelbe Pullunder, mehrfach wurde dieser zu wohltätigen Zwecken versteigert.

Genscher, der 2016 verstarb, war seiner Heimatstadt Halle über all die Jahre eng verbunden. Mit Leidenschaft setzte er sich für die Sanierung der Franckeschen Stiftungen ein. 1991 wurde er zum Ehrenbürger der Stadt Halle ernannt, für Genscher ein bewegender Moment. Seit 2017 tragen das ehemalige Johann-Gottfried-Herder-Gymnasium und der Bahnhofsvorplatz seinen Namen.

43 Fantasievolles Wasserspiel
Der Göbelbrunnen

Der Brunnen auf dem Hallmarkt ist ein außergewöhnliches Wasserspiel. Das sowohl fantasievolle als auch provokante Kunstwerk blickt mit einem Augenzwinkern auf die Stadtgeschichte und die Reibungen der politischen und geistlichen Akteure in den vergangenen Jahrhunderten.

Gerhard Lichtenfeld, Professor für Bildhauerei an der halleschen Kunsthochschule, erhielt in den 1970er-Jahren vom Rat der Stadt den Auftrag, einen Brunnen für den halleschen Marktplatz zu entwerfen. Er verstarb mit 57 Jahren und Bernd Göbel führte das Brunnenprojekt seines Lehrers fort und vollendete es 1988.

Einige der Figuren sorgten von Anfang an für kontroverse Diskussionen. Zeitweise drohte das Projekt wegen der Verlegung der neuen Straßenbahntrasse zwischen Marktkirche und Rotem Turm zu scheitern. Aufgrund der Ereignisse 1989/90 wurde der Brunnenbau wegen fehlender Finanzmittel zunächst sogar gestoppt, obwohl der Guss der letzten Brunnenfiguren bereits stattgefunden hatte. Mit der Neuwahl des Stadtrats wurde die Debatte um den Brunnen zu Beginn der 1990er-Jahre wieder aufgenommen. Es folgten erneute Diskussionen um Figuren und Standort. Letztlich vergingen 24 Jahre, bis der Brunnen im Oktober 1998 nun auf dem Hallmarkt eingeweiht werden konnte.

Der Brunnen hat die Grundform eines Quadrats, dessen Ecken Dreiviertelkreise erweitern, welche am äußeren Rand durch vier schöpferische Gruppenplastiken aus Bronze verziert sind. Eine Figurengruppe zeigt z.B. Hallenser beim Meißeln ihres Stadtwappens, welches die Stadtgründung darstellt. Dabei schauen Stadt- und Kirchenoberhaupt, die Halle das Stadtrecht verliehen, dem bärtigen Vorfahren über die Schulter. Eine weitere, seinerzeit sehr umstrittene Figurengruppe beschäftigt sich mit der Stadtentwicklung. Sie zeigt Kardinal Albrecht von Brandenburg mit seiner nackten Mätresse. Im ursprünglichen Entwurf war die Figur nur mit dem Kardinalshut bekleidet und daran erkenntlich. Kirchenvertreter sahen sich durch diese „obszöne Darstellung" des hohen Würdenträgers in ihren religiösen Gefühlen verletzt. Nach intensiver Diskussion der Akteure aus Politik, Kultur und Gesellschaft ersetzte der Künstler die Mitra durch eine zu Berge stehende Haarpracht. In den Boden um den Brunnen sind mehrere Platten mit Erklärungen eingelassen, die zum Nachdenken anregen.

Weitere Einzelfiguren flankieren die Längsseiten des Beckens. Man sieht Ludwig den Springer, den Schäfer von Trotha, eine Saalenixe und einen Halloren bei der Tradition des Fischerstechens.

Auf dem Beckenrand finden sich weitere liebevolle und rätselhafte Details, z.B. ein Schachbrett mit geheimnisvollen Buchstaben, ein vergessener Hut, eine Sektflasche in der Manteltasche, Affen im Koffer und vieles andere. Das berühmte Drei-Affen-Motiv – „nichts sehen, nichts hören, nichts sagen" – wurde durch den Künstler schelmisch verändert, denn

Göbelbrunnen auf dem Hallmarkt.

der dritte Affe hält sich nicht den Mund, sondern die Nase zu; scheinbar ein Hinweis auf die damalige Geruchsbelästigung in der Stadt.

Im Zentrum des Brunnens sind keine eindeutigen stadtgeschichtlichen Aspekte dargestellt. Der Betrachter sieht ein Arrangement von großen Muscheln und Schnecken, in deren Mitte sich eine möglicherweise phallusförmige Skulptur befindet.

Bernd Göbel hat mit seinem Kunstwerk 1.200 Jahre Stadtgeschichte einfallsreich verarbeitet. Für die Hallenser, Halloren und Hallunken ist der Brunnen mittlerweile ein beliebter Treffpunkt, an dem sie an sonnigen Tagen die Seele und die Füße im kühlen Nass baumeln lassen können.

44 Händel, Thälmann und ein Geoskop
Denkmale

Der hallesche Marktplatz war zeit seines Bestehens Mittelpunkt der bürgerlichen halleschen Gesellschaft. Die Denkmale an solch einem zentralen Ort sind weit mehr als ästhetische Accessoires, sie spiegeln vielmehr den Zeitgeist der jeweiligen Epoche.

Die hallesche Bürgerschaft wollte durch die Platzgestaltung des Marktes ihren Machtanspruch gegenüber den Erzbischöfen und der Kirche untermauern. Bereits im späten Mittelalter existierte hier ein künstlerisch gestalteter Brunnen mit Löwenköpfen, aus denen Wasser in ein steinernes Becken floss. Neben der ästhetischen Komponente diente dieser Brunnen auch der Versorgung der Bürger mit Trinkwasser. Bis 1540 stand zudem eine aus Holz gefertigte Roland-Skulptur südlich des Roten Turmes. Statuen des Rolands galten im Mittelalter als Zeichen bürgerlicher Freiheit und als Symbol für die hohe Gerichtsbarkeit. Dieser „Roland“ wurde mehrfach versetzt und 1719 eine steinerne Statue von ihm aufgestellt, die heute an der Ostwand des Roten Turmes zu finden ist.

Händel-Denkmal auf dem Marktplatz.

Als Machtsymbol wurde 1808 nach der französischen Besetzung auf dem halleschen Marktplatz ein Obelisk aufgestellt, der jedoch bald nach den Befreiungskriegen wieder verschwand. 1821 erwarb der hallesche Magistrat von der königlich-preußischen Eisengießerei in Berlin zwei aus Eisen gegossene Löwen, die fortan das steinerne Becken des neu geschaffenen Löwenbrunnens flankierten. Die Löwen dieser Berliner Eisengießerei findet man übrigens in zahlreichen Städten in unterschiedlichen gestalterischen Zusammenhängen wie Denkmälern, Brunnen und Stadttoren. Mit der Inbetriebnahme des Wasserwerks in Beesen wurde als Ausdruck des technischen Fortschritts auf dem Markt eine Fontäne errichtet. Die beiden Löwen wurden auf die Podeste des Hauptgebäudes der halleschen Universität

Das Thälmann-Denkmal, das Mansfelder Kumpel den Einwohnern der sowjetischen Stadt Puschkin zum 8. Mai schenkten, wurde im März 1960 auf dem Marktplatz aufgestellt.

umquartiert, wo sie noch heute ihren Platz haben und namensgebend für das heutige Löwengebäude sind.

Die Fontäne stand nur zehn Jahre auf dem Markt. Danach wurde sie dem nationalistischen Zeitgeist folgend durch ein Kriegerdenkmal, einen mehretagigen Brunnen im neugotischen Stil, ersetzt. An dessen Spitze stand ein überlebensgroßer deutscher Krieger in der Landskriegstracht aus der Zeit Ulrich von Huttens. Das Kriegerdenkmal wurde 1926 zum Steintor versetzt und nach Ende des Zweiten Weltkriegs zerstört.

Einhundert Jahre nach dem Tod des berühmtesten Sohnes der Stadt, Georg Friedrich Händel, wurde 1859 dessen vom Bildhauer Hermann Heidel geschaffenes Standbild feierlich auf dem Marktplatz eingeweiht. Ludwig Wucherer und Richard von Volkmann hatten für die Aufstellung des Denkmals geworben. Nachdem Queen Victoria dann das Patronat für das Hilfskomitee übernommen hatte, war die Finanzierung gesichert. Das Händel-Denkmal ist seit dieser Zeit eines der Wahrzeichen der Stadt Halle und beliebter Treffpunkt der Hallenser. Gäste bei der Einweihung waren u.a. die Komponisten Franz Liszt und Robert Franz sowie Richard Wagners Nichte.

1960 wurde für kurze Zeit vor dem Ratshof ein Denkmal zu Ehren Ernst Thälmanns aufgestellt. Die überlebensgroße Statue des von den Nationalsozialisten ermordeten Führers der Kommunistischen Partei war ein Geschenk an die russische Stadt Puschkin.

2006 wurde der hallesche Marktplatz grundlegend umgestaltet. Auf der Westseite wurde neben einem Wasserspiel ein Geoskop errichtet, das einen Einblick in den Untergrund zur Halleschen Marktplatzverwerfung bietet. Ein in Bronze gegossenes Relief erinnert vor dem Ratshof an die Zerstörung des Rathauses 1950.

45 Katastrophenalarm
Das Jahrhunderthochwasser 2013

In Halle-Trotha, wo Weiße Elster und Saale zusammenfließen, überschritt der Saalepegel in den frühen Morgenstunden des 5. Juni 2013 die Achtmetermarke und übertraf damit deutlich die historische Höchstmarke von sieben Metern vom 15. März 1947.

Es war das Hochwasser mit dem höchsten Stand seit der Inbetriebnahme der Saaletalsperren und das höchste seit dem 25. November 1890, als die Saale in Halle auf 10,10 Meter gestiegen war, umgerechnet auf den heutigen Pegel Trotha.

In der Folge wurden Teile der Innenstadt überflutet, die traditionellen Händel-Festspiele abgesagt, der Straßenbahnverkehr teilweise gekappt, die Schulen in Halle-Neustadt geschlossen. Die Universität Halle stellte den Lehrbetrieb ebenfalls für zunächst eine Woche ein und rief die Studenten zur aktiven Unterstützung Betroffener auf.

Doch dies reichte nicht. Als Problemfall erwies sich zunehmend der Gimritzer Damm, der teilweise überströmt wurde und vollständig durchweicht war. Für die östlichen und südlichen Teile von Halle-Neustadt wurde daher eine freiwillige Evakuierung eingeleitet, auch weil hier das Grundwasser in die Keller drückte. Die Evakuierung sollte insgesamt knapp 30.000 Einwohner betreffen.

Hunderte eingesetzte Einsatzkräfte und Tausende freiwillige Helfer kämpften darum, den Damm zu sichern. Währenddessen fiel auch noch eine Pumpstation aus. Die Überschwemmung von Halle-Neustadt konnte aber mit vereinten Kräften durch die Errichtung eines massiven Walls aus Sandsäcken verhindert werden.

Auch Teile der Innenstadt, besonders die unter Wasser stehende Klaustorvorstadt und der Ratswerder, waren von Überflutungen, Evakuierungen und Sperrungen betroffen. Sicherheitshalber wurden zudem zwölf Altenheime evakuiert.

Aufgrund des rasanten Wasseranstiegs der Saale trat der Stab für Außergewöhnliche Ereignisse der Stadt Halle zusammen. Erstmalig in der Geschichte der Stadt erfolgte am 3. Juni 2013 die Feststellung des Katastrophenfalls durch den Oberbürgermeister der Stadt, Dr. Bernd Wiegand.

In der gesamten Stadt wurden insgesamt mindestens 500.000 Sandsäcke verbaut. Während des Hochwassers waren insgesamt 2.600 Einsatzkräfte im Einsatz. Sie gehörten der Bundeswehr, dem Deutschen Roten Kreuz, Technischen Hilfswerk, Arbeiter-Samariter-Bund, den Freiwilligen Feuerwehren und weiteren Organisationen an oder waren freiwillige Helfer. Insgesamt betrugen die Kosten der Hochwasserabwehr mehr als 1,5 Millionen Euro.

Bereits Mitte Juli 2013 verfügte der Oberbürgermeister den Neubau des Gimritzer Dammes, da er die Gefahr für Leib und Leben als gegeben ansah. Der

„Das Pferd säuft Wasser", Pferd- und Kuh-Skulpturen an der Giebichensteinbrücke beim Scheitelpunkt des Hochwassers.

Gimritzer Damm war nach Einschätzung des Landesbetriebs für Hochwasserschutz (LHW) kein Hochwasserschutzdamm mehr, sondern „ein instabiler Erdhaufen" und damit praktisch funktionslos. Allerdings verfügte schon wenige Wochen später das Landesverwaltungsamt aufgrund mangelnder Zuständigkeit der Stadt Halle einen Baustopp.

Die „Jahrhundertflut" war jedoch für die Stadt Halle Fluch und Segen zugleich. Viele Millionen an Fördermitteln sind seitdem zur Beseitigung der Flutschäden geflossen. Als Ersatz für das überflutete Planetarium auf der Peißnitz wurde ein Neubau im ehemaligen Gasometer am Holzplatz errichtet, der 2023 eingeweiht werden soll. Und auch das wohl wichtigste Projekt ist mittlerweile abgeschlossen – der 1,2 Kilometer lange neue Deich am Gimritzer Damm, der 2022 fertiggestellt wurde.

46 In der Tradition von Händel, Bach, Schütz
Stadtsingechor zu Halle

Der Stadtsingechor zu Halle zählt mit seinen mehr als 900 Jahre alten Wurzeln nach dem Aachener Domchor und den Regensburger Domspatzen zu den drei ältesten Knabenchören Deutschlands. Im Mittelpunkt des künstlerischen Schaffens steht die Pflege der geistlichen Chormusik mit Werken von Georg Friedrich Händel, Johann Sebastian Bach, Samuel Scheidt und Heinrich Schütz.

Die Tradition des halleschen Knabenchores reicht bis in die Zeit der Gründung von Kloster Neuwerk zurück, das sich vor den Toren der damals aufstrebenden Salzstadt befand. Die Klosterschüler hatten im Knabenchor die Aufgabe, die Heilige Messe musikalisch zu gestalten. Über Jahrhunderte sang der Klosterchor auch bei öffentlichen Anlässen in der Stadt Halle, beispielsweise dem feierlichen Aufsetzen der Kuppel des Roten Turmes am 24. Juli 1506.

Kardinal Albrecht löste 1531 Kloster Neuwerk auf, sodass der Knabenchor seine Heimstätte verlor. Er sang fortan in Albrechts neuer Stiftskirche, dem Halleschen Dom. 1565 fusionierten die vier halleschen Pfarreischulen zum Neuen Lutherischen Gymnasium zu Halle. Der hallesche Knabenchor übernahm es nun, die Gottesdienste der drei Hauptkirchen der Stadt musikalisch zu gestalten. Aus dieser Zeit resultiert der Name Stadtsingechor.

Die städtischen Musikdirektoren leiteten musikalisch den Gottesdienst und damit auch den Chor, die Proben wurden von Präfekten durchgeführt. Einige der Musikdirektoren sind bis in die heutige Zeit bekannt. Zu den wichtigsten gehören Samuel Scheidt, einer der bedeutendsten Komponisten des Frühbarocks, Friedrich Wilhelm Zachow, der Lehrer von Georg Friedrich Händel, Wilhelm Friedemann Bach, der älteste Sohn von Johann Sebastian Bach.

Mit der Auflösung des lutherischen Gymnasiums zu Halle während der französischen Besatzung wurde der Stadtsingechor den Franckeschen Stiftungen angegliedert. Das Amt des erstmals geschaffenen Chordirektors erhielt Daniel Gottlob Türk, Universitätsprofessor und ehemaliger Schüler des Dresdner Kreuzchors.

Zu Beginn des 19. Jahrhunderts wurde im Stadtsingechor ein Neuanfang eingeläutet. Chorleiter wurde Johann Friedrich Naue, Orgel- und Klaviervirtuose und Schüler von Johann Friedrich Reichardt sowie von Ludwig van Beethoven. Er organisierte regelmäßige Abonnementskonzerte, bei denen u.a. 1829 auch der berühmte Paganini auftrat.

Nach dem Ende des Zweiten Weltkriegs übernahm die Stadt Halle die Trägerschaft des Chores. 1968 wurde Dorothea Köhler zur Leiterin des zu dieser Zeit unbedeutenden Chores berufen und formte ihn in ihrer 22-jährigen Schaffensperiode zu einem international gefragten Konzert- und Oratorienchor. Der Chor war fester

Stadtsingechor Halle, 36. Hallesche Händelfestspiele 1987.

Bestandteil des halleschen Musiklebens und der Händel-Festspiele. Auch außerhalb von Halle trat er in Erscheinung, so zur Eröffnung des Schauspielhauses in Berlin 1984 bei einem gemeinsamen Auftritt mit dem Thomanerchor Leipzig und dem Dresdner Kreuzchor sowie bei Schallplattenaufnahmen für Hungaroton, ein Musiklabel in Ungarn. Nach 1990 entwickelte sich unter den neuen politischen Rahmenbedingungen eine noch stärkere internationale Konzertreisetätigkeit. Seit 2014 hat Clemens Flämig die Leitung des Chores.

Bekannte Sänger des Chores waren der Komponist Carl Loewe, Ivan Rebroff, die in der DDR bekannten Sänger Fred Frohberg und IC Falkenberg sowie der Oratoriensänger und Kirchenmusiker Gotthart Stier.

47 Süße Halloren
Deutschlands älteste Schokoladenfabrik

Halle rühmt sich der ältesten Schokoladenfabrik in Deutschland – sie wurde 1804 vom Konditor Friedrich August Miethe gegründet. Ihr bekanntestes Produkt kennt wohl jeder zwischen Kap Arkona und Sonneberg – die Hallorenkugel.

Halles zweifelsohne bekannteste kulinarische Spezialität wiegt durchschnittlich 10,4 Gramm, wird bereits seit 1952 hergestellt, verkauft sich jährlich etwa 100 Millionen Mal und soll an die kugelförmigen Silberknöpfe an den Trachten der Halloren erinnern – die Hallorenkugel, hergestellt in der Halloren Schokoladenfabrik AG in Halle.

Die Geschichte der Schokoladenfabrik reicht bis in das Jahr 1804 zurück, als der Pfefferküchler Friedrich August Miethe begann, in der Geiststraße – damals noch vor den Toren der Stadt Halle in der Amtsstadt Neumarkt gelegen – Schokolade zu verkaufen. Sein Sohn Johann Friedrich Miethe fing dann 1820 mit der Dampfschokoladenfabrikation an. Sein neues Verfahren zur Verarbeitung von Schokolade galt als Meilenstein für den damals neuartigen Industriezweig. Friedrich David schließlich baute das Geschäft in der zweiten Hälfte des 19. Jahrhunderts zu einem der bedeutendsten Schokoladenproduzenten aus und verlegte den Firmensitz in die Büschdorfer Flur, dorthin, wo die Schokoladenfabrik noch heute ihr Domizil hat. Um 1910 waren über 500 Mitarbeiter mit der Produktion von Süßwaren beschäftigt, die Firma gehörte zu den zehn größten Aktiengesellschaften der Branche.

1933 musste die Firma ihren jüdischen Namen David ändern und firmierte als Mignon Schokoladenwerke. In den letzten Jahren des Zweiten Weltkriegs wurden die Schokoladenwerke gezwungen, ihre Produktion auf Zubehörteile für Flugzeugtragflächen umzustellen.

1950 wurde die Fabrik verstaatlicht und 1952 dann die Hallorenkugel ins Sortiment aufgenommen. Mit dem durchschlagenden Erfolg dieses Produktes hätte damals wohl keiner gerechnet. Aufgrund des Mangels an Kakao, der teuer für Devisen importiert werden musste, wurde eine „Volkspraline" entwickelt, die in ihrem Kern überwiegend aus Fondant mit einem dünnen Überzug aus Bitterschokolade besteht. Das Fondant, eine weiche, pastöse Zuckermasse, konnte aus einheimischen Rohstoffen hergestellt werden. Mittlerweile gibt es die Hallorenkugeln in 20 verschiedenen Geschmacksrichtungen, im Kern ist das Produkt jedoch praktisch unverändert.

Die Treuhand privatisierte die Schokoladenfabrik 1992, im Jahr 2007 wurde das Unternehmen in die Halloren Schokoladen AG umgewandelt. Heute zählt die Schokoladenfabrik etwa 250 Beschäftigte. Die Hallorenkugeln sind bis heute ein Verkaufsschlager, sie

Halloren Schokoladenfabrik AG in der Delitzscher Straße.

werden in über 50 Länder exportiert. Da stört es nicht, dass die Hallorenkugel offiziell nicht als Praline bezeichnet werden darf, dafür müsste der Schokoladenanteil bei 25 Prozent liegen. Er liegt aber nur bei 17 Prozent.

2002 wurde am Firmensitz in der Delitzscher Straße das Halloren Schokoladenmuseum gegründet und seitdem auf eine Fläche von 900 Quadratmetern erweitert. Neben der Gläsernen Fabrik, in der die Süßwarenproduktion live beobachtet werden kann, ist das 17 Quadratmeter große Schokoladenzimmer im Biedermeierstil das Highlight des Museums. Für die Fertigung wurden ca. 5.000 Arbeitsstunden und 1,5 Tonnen Schokolade benötigt. Im Museum befindet sich zudem ein Relief der Stadt Halle, ebenfalls aus Schokolade. Natürlich darf auch die Hallorenkugel im Museum nicht fehlen, das Museum beherbergt das mit 200 Kilogramm größte Exemplar der Welt.

48 Plasteblock und Schalen-Müller
Architekturinnovationen

Die große Maxime, die den Architekten Halle-Neustadts von der Staatsführung verordnet worden war, hieß Rationalität, die Zauberworte lauteten Typisierung und Fertigungselemente aus Stahlbeton. Die von Herbert Müller entwickelten Halbschalen-Elemente wurden bald in der ganzen DDR für Dach- und Wandkonstruktionen eingesetzt.

Die Anfänge des Stahlbetons gehen bis auf das 19. Jahrhundert zurück. Der Gärtner Joseph Monier erhielt 1867 ein Patent auf einen Pflanzkübel aus Zementmörtel, der mit einem Eisengeflecht verstärkt wurde. Sein Name ist durch die Verwendung des Begriffs „Moniereisen" bis heute präsent. Durch immer bessere Berechnungsmöglichkeiten, sich weiterentwickelnde Schalungstechniken und neue Betonrezepturen wurden die Einsatzmöglichkeiten des Stahlbetons immer vielfältiger, der Einsatz wirtschaftlicher.

Den Architekten von Halle-Neustadt standen zunächst nur wenige Gebäudetypen zur Verfügung. Im 1. Wohnkomplex (WK genannt) dominierte noch strenge Zeilenbebauung. Im 2. WK gelang es, durch Eckverbinderbauten Innenhofsituationen herzustellen, wenngleich es die starren Vorgaben der Fertigungstechnologie nicht erlaubten, in allen Wohnhäusern Zugänge zum Innenhof zu schaffen.

HP-Schalen als Dachkonstruktion.

Anfangs wurde versucht, das Leitbild als „Stadt der Chemiearbeiter" auch baupraktisch zu verwirklichen, die größtmögliche Verwendung von Kunststoffen im sogenannten Plasteblock im 1. WK blieb jedoch ein einmaliges Experiment.

In den 1960er-Jahren standen den Architekten ausschließlich Wohngebäude mit fünf Etagen und zehn- bis elfgeschossige Scheibenhochhäuser zur Verfügung. Ende der 1960er-Jahre kamen dann aus Schweden importierte Allbetonsysteme hinzu, die die Errichtung der fünf 18-geschossigen sogenannten Scheiben im Stadtzentrum sowie den Bau von Punkthochhäusern ermöglichten. Im weiteren Verlauf der Stadtentwicklung kamen noch geschwungene Baukörper wie am Braunschweiger Boden und Südpark sowie die sogenannten Ypsilon-Hochhäuser hinzu.

Einer der Stars in der Stahlbeton-Szene war der Hallenser Architekt Herbert Müller, der später – und das war nicht despektierlich gemeint – als „Schalen-Müller" in die Architekturgeschichte einging. 1954 meldete Müller seine Entwicklung des „Stahlbetonfertigteils

Delta-Kindergarten im 1. WK in Halle-Neustadt Ende der 1960er-Jahre.

als Bogenelement" als eine hyperbolische Paraboloidschale („HP-Schale" genannt) zum Patent an. Diese vorgespannten Betonfertigelemente hatten aufgrund ihres geringen Eigengewichts und ihrer hohen Belastbarkeit enorme Vorteile. So konnten große Spannweiten von bis zu 24 Metern wirtschaftlich hergestellt und durch eine variabel angeordnete Reihung wellenförmige Dach- und Wandkonstruktionen errichtet werden. Diese wellenförmigen Gebäudestrukturen wurden von den Halle-Neustädter Architekten mit Vorliebe zur Auflockerung der strengen Blockbebauung genutzt.

Zunächst präsentierte Müller 1954 sein erstes Schalenbauwerk als Wartepavillon, den sogenannten Schmetterling auf dem Marktplatz, der jedoch nach wenigen Jahren wieder verschwand. Das wohl bekannteste Bauwerk, bei dem die HP-Schalen verwendet wurden, ist der „Delta-Kindergarten" im 1. WK in Halle-Neustadt. Es folgten die Dachkonstruktionen der großen Sporthalle und der Schwimmhalle im Neustädter Bildungszentrum. Bald schon prägte seine Erfindung die typischen Bauten der Ost-Moderne wie Sporthallen, Kaufhallen, Kindergärten sowie Brücken. Herausragende HP-Schalenbauwerke sind das Panorama Museum in Bad Frankenhausen sowie das Raumflugplanetarium in Halle, das infolge von Hochwasserschäden 2018 abgerissen werden musste.

49 Niemals müßig
Die Leopoldina in Halle

Vis-à-vis der Moritzburg thront auf dem sogenannten Jägerberg der jetzige Hauptsitz der Deutschen Akademie der Naturforscher Leopoldina. Die altehrwürdige und später nach Kaiser Leopold I. benannte Leopoldina wurde bereits 1652 gegründet. Sie ist damit eine der bedeutendsten und ältesten ununterbrochen existierende naturwissenschaftlich-medizinische Wissenschaftsakademie der Welt.

Schon seit 1878 hat die Leopoldina ihren ständigen Sitz in der Universitätsstadt Halle. Zuvor wechselte ihr Sitz stets mit dem Wohnort des jeweiligen Präsidenten. In einer Villa in der Emil-Abderhalden-Straße 36 und im damaligen Hauptgebäude in der August-Bebel-Straße 50a war sie untergebracht, wo sich heute noch Archiv und Bibliothek befinden. Die Ernennung im Jahr 2008 zur Nationalen Akademie der Wissenschaften erfüllt Halle mit Stolz und ist ein Aushängeschild von höchstem Rang für die Stadt. Heute befindet sich der Hauptsitz der Akademie am Jägerberg.

Im Anblick des majestätischen Akademiegebäudes spiegelt sich das wider, sodass der Bau seit der Sanierung 2012 von den Hallensern volkstümlich auch das „Weiße Haus" von Halle genannt wird.

Die örtliche Bezeichnung des Jägerbergs geht auf Herzog August von Sachsen-Weißenfels zurück. Dort ließ er im 17. Jahrhundert ein Jagdhaus auf einer 100 Meter langen und bis zu 20 Meter hohen Erdschanze errichten. Diese bot ursprünglich Deckung für die gegenüberliegende Moritzburg. Sie war seinerzeit Residenz von Kardinal Albrecht und sollte die Burg bei einem drohenden Angriff aus dem benachbarten Kursachsen schützen.

Im Zuge der Aufklärung gewannen im 18. Jahrhundert auch in Halle die Freimaurer zunehmend an Bedeutung. In den Logen waren v.a. gebildete und wohlhabende Bürger organisiert, sodass es der Freimaurerloge „Zu den drei Degen" 1792 möglich war, auf Vorschlag von Johann Christian Reil das gesamte Grundstück auf dem Jägerberg zu kaufen und ab 1822 einen Logenpalast zu errichten. Vom ursprünglichen Logenpalast ist heute leider nichts mehr erhalten. 1867 wurde der Westflügel des Palastes abgerissen, an seiner Stelle entstand im spätklassizistischen Stil der große Festsaal, der noch heute für repräsentative Zwecke der Leopoldina genutzt wird. 20 Jahre später wurde der Ostflügel geschliffen und durch einen lang gestreckten Gebäudeflügel ersetzt. Dieser in der Blütezeit des Historismus errichtete Ostflügel weist eine aufwendige Fassadengestaltung im Stil der italienischen Hochrenaissance auf. Zur Zeit des NS-Regimes wurden die Freimaurer gezwungen, das gesamte Anwesen an die Stadt zu veräußern. 1945 nutzten die Amerikaner das Gebäude für kurze Zeit, später die sowjetische Militäradministration. 1952 schließlich zog die hallesche Universität ein. Das Gebäude war den Hallensern seit dieser

Hauptgebäude der Leopoldina am Jägerberg.

Zeit als Tschernyschewski-Haus bekannt. 1998 wurde die Zwangsübereignung der Nazi-Zeit rückabgewickelt. Der Rechtsnachfolger der Freimaurerloge verkaufte das Gebäude 2009 an den jetzigen Eigentümer, die Leopoldina, die es aufwendig sanierte und 2012 einzog. Dabei konnten die beiden unterschiedlichen Baustile der zwei Flügel in ihrem Originalzustand erhalten werden und geben somit ein Zeugnis von der früheren Geschichte des imposanten Gebäudes.

In ihrem Leitsatz wollten die Gründer führende Gelehrte zur Mitarbeit einladen, „Die Natur […] erforschen zur Ehre Gottes und zum Wohle der Menschen“. Wahlspruch für dieses Ziel ist: *Nunquam otiosus* (Niemals müßig). Gegenwärtig hat die Akademie ca. 1.600 Mitglieder – es sind Wissenschaftler aus zahlreichen Ländern der Welt. Auch gehören und gehörten ihr viele Nobelpreisträger an. Bekannte Mitglieder waren u.a. Johann Wolfgang von Goethe, Alexander von Humboldt, Marie Curie, Charles Darwin, Albert Einstein und Max Planck.

Die Nationale Akademie der Wissenschaften vertritt nicht nur die deutsche Wissenschaft in internationalen Gremien, sondern nimmt auch als wissenschaftlicher Berater der deutschen Politik Stellung zu politischen und gesellschaftlichen Fragen – von der Gentechnik bis zur Pandemieentwicklung. Die Leopoldina wird aus Mitteln des Bundes und des Landes Sachsen-Anhalt finanziert.

50 Nennen Sie ihn Waldemar! Sportstadt Halle

Zahlreiche hallesche Olympiasieger, Welt- und Europameister begründen den Ruf von Halle als Sportstadt. Einer der bekanntesten unter ihnen ist der zweifache Olympiasieger im Marathon, Waldemar Cierpinski.

Moskau, 1. August 1980: Mehrere Jahre hatte er für diese besondere Marathon-Taktik trainiert – nach 35 Kilometern noch einmal das Tempo anzuziehen und pro Kilometer dann weniger als drei Minuten zu laufen. Das sollte seine Gegner zermürben. Jetzt war der große Moment gekommen. Zunächst schloss er bei Kilometer 35 zum Mexikaner Gómez auf und lief schließlich die letzten sechs Kilometer alleine in Richtung Olympiastadion Luschniki in Moskau. Angefeuert von 100.000 Zuschauern lief er dem Olympiasieg entgegen, euphorisch kommentiert vom TV-Kommentator Heinz Florian Oertel. Beim Zieleinlauf dann die drei Sätze, die beide im Osten zur Legende machten: „Liebe junge Väter oder angehende, haben Sie Mut! Nennen Sie Ihre Neuankömmlinge des heutigen Tages ruhig Waldemar! Waldemar ist da!".

Waldemar Cierpinski wurde in Neugattersleben in Sachsen-Anhalt geboren und mit 16 Jahren zum SC Chemie Halle delegiert. Zunächst gewann er als Hindernisläufer die DDR-Meisterschaft, konzentrierte sich dann jedoch auf seine Lieblingsdisziplin, den Marathon. 1976 wurde er als bis heute einziger Deutscher Olympiasieger im Marathon. Vier Jahre später waren aufgrund des Olympia-Boykotts der meisten westlichen Länder einige der weltbesten Marathonläufer nicht am Start. Trotzdem wurde Cierpinski nicht als Top-Favorit gehandelt. Nach seinem Olympiasieg in Moskau wurde er nicht zuletzt aufgrund der legendären Radioreportage zu einem der bekanntesten Sportler der DDR. Nach 1976 wurde er 1980 zum zweiten Mal zum Sportler des Jahres gewählt.

Die Stadt Halle kann auch sonst auf eine lange Tradition als Sportstadt zurückblicken. Bereits die Halloren waren bekannt als Schwimmlehrer, zudem war es Brauch, kunstvolle Sprünge von Brücken zu vollführen. Der weltweit erste Verein für Wasserspringen wurde 1840 vom Halloren Tichy gegründet.

Wenig später folgten dann der erste Turnverein und 1874 der erste Ruderverein in Halle. Rudern und Tennis waren zu dieser Zeit betont bürgerliche Sportarten, während Schwerathletik wie Boxen, Ringen und Gewichtheben vorwiegend durch Arbeitersportvereine betrieben wurde. Erst zur Jahrhundertwende entwickelte sich die Leichtathletik als eigenständige Sportart.

In der DDR besaß der Sport von jeher einen großen Stellenwert. Die bald einsetzende Orientierung auf den Spitzensport, die sowohl national als auch international hohe Möglichkeiten der Prestigegewinnung bot, führte 1958 zur Gründung des Sportclubs SC Chemie Halle. Waldemar Cierpinski ist nicht der einzige Olympiasieger des 1958

Zieleinlauf von Waldemar Cierpinski beim Marathon-Lauf in Moskau am 1. August 1980.

gegründeten Sportclubs Chemie Halle. Die vierfache Goldmedaillengewinnerin von 1976 im Schwimmen, Kornelia Ender, der Ruderer Andreas Hajek, der 1992 und 1996 Gold im Doppelvierer holte, und nicht zuletzt der Ruderer Thomas Lange mit seinen Siegen 1988 und 1992 im Einer stehen für den Ruf Halles als Sportstadt. Weitere international erfolgreiche hallesche Sportler sind der Wasserspringer Andreas Wels und der Schwimmer Paul Biedermann, der 2009 Weltmeister über 200 und 400 Meter Freistil wurde.

2019 wurde am Hansering der Park der Olympiasieger eingeweiht. 15 Stelen erinnern hier an die halleschen Athletinnen und Athleten, die mit einer Goldmedaille von Olympischen Spielen zurückkehrten.

51 Kreatives Theaterensemble
Die Kulturinsel

Mitten in der Stadt, ein wenig versteckt zwischen Universitätsplatz und Großer Ulrichstraße, liegt das künstlerische Quartier und Herzstück eines der kreativsten Theaterensembles Mitteldeutschlands.

Die Geschichte der Kulturinsel begann 1980, als der damals 44-jährige Peter Sodann eine wahre „Kulturinsel" förmlich aus dem Boden stampfte. Er hatte zunächst ein Jurastudium begonnen, wechselte jedoch 1959 an die Theaterhochschule und gründete das Studentenkabarett „Der Rat der Spötter" mit und stand selbst auf der Bühne.

Als Schauspieldirektor ging er 1980 ans „Theater des Friedens" nach Halle. „Seien wir realistisch, versuchen wir das Unmögliche", lautete die Losung, die er ausgab. Er begann mit der Suche nach einer neuen Spielstätte für das Hallenser Schauspielensemble. Es sollte zum Zentrum einer „Kulturinsel" mitten in der Altstadt von Halle werden. Im ehemaligen „Kino der Deutsch-Sowjetischen Freundschaft", in den früheren „Kaisersälen", fand der Theaterleiter seinen Raum. Mit Hilfe der Stadt kaufte er nach und nach die angrenzenden Häuser, seine Schauspieler fragte er bei Einstellungsgesprächen, welches Handwerk sie denn außerdem noch gelernt hätten. Sodanns Ensemble war jahrelang auch als Baubrigade im Einsatz. Trotz aller Widrigkeiten schaffte er es mit seinen Mitstreitern, dieses alte Kino zum „neuen theater" umzubauen.

Schon im April 1981 konnte das „neue theater" eingeweiht werden. Das Herzstück war der große Saal mit seinen 450 Zuschauerplätzen. 1989 eröffneten als gastronomische Anziehungspunkte für Besucher das „Cafe nt" in der Großen Ulrichstraße und die Theaterkneipe „Strieses Biertunnel" in der Schulstraße.

Nach der Wende wurde der große Saal auf den modernsten Stand der Technik gebracht und das Bühnenhaus erweitert. 1993 erfolgte der Umbau des ehemaligen Kulissenmagazins am Universitätsplatz zur damaligen kleinen Spielstätte, dem „Tintenfass". Bereits 1988 hatte man hier eine von Säulen getragene Vorhalle als modernen Blickfang eingebaut. Bereits 1994 war das „neue theater" über 90 Prozent ausgelastet.

Nach langer Umbau- und Sanierungszeit konnte 1998 das Kammertheater „Kommode" eingeweiht werden, welches auch als Ballsaal genutzt wurde. Im Erdgeschoss befand sich eine Galerie, die mit wechselnden Ausstellungen hallesche und auswärtige Künstler vorstellte. Das Gebäude in der Großen Ulrichstraße und der benachbarte, 1999 fertiggestellte gläserne Neubau in der Spiegelstraße beherbergen heute Büro- und Aufenthaltsräume. Dafür erhielt 1999 Peter Sodann den Preis des Verbandes der deutschen Kritiker für das Projekt „Kulturinsel".

In den folgenden Jahren entstanden in den Gebäuden am Universitätsplatz die Foyererweiterung mit Garderobe und

Blick von der Großen Ulrichstraße auf das Theater-Café, Teil der Kulturinsel „neues theater".

im Obergeschoss das Theaterkasino mit Küche und Terrasse, von der man einen Blick über die Altstadt genießen kann. In den Häusern am Universitätsplatz und in der Schulstraße eröffnete das hallesche Puppentheater, nachdem die bisherige Spielstätte hatte geräumt werden müssen.

2005 endete die Rolle von Peter Sodann als Theaterdirektor unglücklich, da er kurz vor seinem 25. Jubiläum von der Stadt Halle abgelöst wurde. Aktuell ist Matthias Brenner Intendant und künstlerischer Leiter des Theaters.

Das „neue theater" feierte im Jahr 2021 seinen 40. Geburtstag. Pandemiebedingt konnte das Publikum nicht direkt auf die Kulturinsel und in die Spielstätten des „neuen theaters" eingeladen werden, stattdessen wurden diverse Online-Beiträge zur Geschichte angeboten.

52 Moderner Zugang zur Stadt
Am Steintor

Durch den Umbau des historischen Steintors und die Neugestaltung des ehemaligen landwirtschaftlichen Julius-Kühn-Areals zum Geisteswissenschaftlichen Zentrum der Martin-Luther-Universität entstand 2020 ein neues „Modernes Tor zur Stadt".

Eigentlich stand das Steintor historisch an völlig anderer Stätte, nämlich als Stadttor in der Nähe des heutigen Joliot-Curie-Platzes. Als Teil der Stadtbefestigung war es das erste Tor aus Stein und war deshalb namensgebend. Der Platz lag also außerhalb der Stadtmauern und hieß bis ins 19. Jahrhundert dementsprechend „Vor dem Steintor". Erst seit 1928 heißt der heutige Platz „Am Steintor".

Der Steintorplatz war in früheren Jahrhunderten ein rauer Ort mit vielen Geschichten. Nur wenige Häuser standen auf der Anhöhe, wo sich die Handelsroute von und nach Magdeburg kreuzte. Am heutigen Rossplatz lag hier zeitweise eine Hinrichtungsstätte und der damalige legendäre Gasthof „Grüner Hof" steckte voller Mythen und Saufgeschichten.

Durch die Stadterweiterungen ab Mitte des 19. Jahrhunderts entstanden hier ganz neue Stadtviertel jenseits der alten Stadtbegrenzung. Direkt am Platz hatte der Pferdegroßhändler Emil Lözius eine Reithalle angesiedelt, aus der später das „Walhalla-Theater" hervorgehen sollte, das noch bis heute bestehende „Steintor-Varieté". Mit dem Ausbau der Straßen für Straßenbahn und Autos entwickelte sich zu Beginn des 20. Jahrhunderts ein neuer lebendiger Knotenpunkt. Die Anlagen der Landwirtschaftlichen Fakultät von Julius Kühn entstanden und entlang der Magdeburger Straße die Universitätskliniken.

Neben dem Riebeckplatz wuchs der Steintorplatz nun zum zentralen Verkehrsknotenpunkt. Eine erneute Verbreiterung der Verkehrswege wurde notwendig, um dem wachsenden motorisierten Verkehr Herr zu werden. An der Stelle des ehemaligen Gasthofes entstand 1929/30 das Arbeitsamt der Stadt. Mittlerweile kreuzen sechs Straßen den Platz. 1926 wurde der Brunnen mit dem Kriegerdenkmal, welches an den Krieg von 1870/71 erinnerte und fast 50 Jahre auf dem Marktplatz stand, hierher verlagert.

Nach dem Zweiten Weltkrieg wurde der Platz zum Marx-Engels-Platz umbenannt. Erst 1992 bekam er wieder seinen alten Namen. Nahezu 12.000 Autos sollen 1958 den Platz täglich befahren haben. Der Umbau des Thälmannplatzes (Riebeckplatz) und der Bau einer vierspurigen Straße entlang der Volkmannstraße, samt Hochstraße zum Wasserturm, brachten nur kurzzeitige Entlastung. Denn 1967 wurden die Gleise der Straßenbahn durch die Leipziger Straße stillgelegt und über das Steintor umgeleitet. Annähernd 90 Straßenbahnen pro Stunde verkehrten nun zeitweise zusätzlich über den Platz.

Blick auf das neu gestaltete Areal am Steintor Richtung Wasserturm Nord.

In den vergangenen Jahrzehnten bemühte sich die Stadt, den Platz in seiner Gestaltung als Verkehrsschnittstelle mit Einzellösungen zu entlasten. Erst mit dem jetzigen Gesamtumbau entstand eine annehmbare und v.a. verschönernde Formung des Platzes. Ende 2015 wurde der neue Steintor Campus sowie das neue universitäre Geistes- und Sozialwissenschaftliche Zentrum Halles auf dem ehemaligen Gelände der Landwirtschaftlichen Fakultät eröffnet und durch eine Passage neben dem „Steintor-Varieté“ direkt an den Platz angebunden. Damit hat sich das gesamte Areal verändert. Darüber hinaus lassen die Sanierung der Fassade des über 100-jährigen geschichtsträchtigen „Steintor-Varietés“ und das prägnante neue Wasserspiel den Platz neu erstrahlen. Es hat sich ein neues, modernes Tor zur Stadt gebildet!

53 Hallesche Frauenpower
Eine Spurensuche

Unzählige Frauen haben ihre Spuren auch in der Geschichte Halles hinterlassen. Oft blieben sie ungenannt, engagierten sich als Pflegerinnen, Lehrerinnen, Hebammen oder Diakonissen. Namen wie Felicitas von Selmenitz, Agnes Gosche, Dorothea Taust, Johanne Charlotte Unzer oder Anselma Heine sind zwar in Vergessenheit geraten und doch sind ihre Lebenslinien bis heute in der Stadt zu finden.

Bemerkenswerte Hallenserinnen haben oft mit ihren bescheidenen Möglichkeiten ihre damalige Gegenwart vorangetrieben und das Stadtleben maßgeblich positiv beeinflusst. Noch heute profitieren wir von vielen ihrer Errungenschaften, gleichwohl diese oft für uns zur Selbstverständlichkeit geworden sind.

Einen wichtigen Beitrag dazu liefert das seit mittlerweile über 20 Jahren bestehende Projekt „FrauenOrte". Es macht die Geschichte der Frauen lebendig und verortet sie dort, wo sie lebten und wirkten. Von der Altmark bis zum Burgenlandkreis sind 52 FrauenOrte Sachsen-Anhalts in über 37 Städten und Gemeinden zu finden, allein in Halle sind es vier. Dazu zählen das Entbindungsinstitut in der Neuen Residenz am Domplatz, das Jenaische Fräuleinstift, die Burg Giebichenstein Kunsthochschule Halle sowie das evangelische Diakonissen-Mutterhaus.

Ab 1811 befand sich in der Neuen Residenz in den Räumen über dem Torbogen eine Entbindungsklinik. Drei Jahre zuvor waren die Universität wiedereröffnet und v.a. deren medizinische Institute von der napoleonischen Regierung großzügig unterstützt worden. Carl Friedrich Senff, ein Schüler von Philipp Meckel, ließ das Entbindungsinstitut am Domplatz nach seinen Vorstellungen ausbauen. Es ist ein Beleg für den ab Mitte des 18. Jahrhunderts beginnenden Wandel der Gebärkultur. Dieser hat bis in die heutige Zeit reichende Folgen, sowohl für das Berufsbild der Hebamme als auch für die universitäre gynäkologische Ausbildung.

Das Freiweltliche adlige von Jena'sches Fräuleinstift bot seit 1703 dank einer testamentarischen Stiftung des Juristen Gottfried von Jena jeweils neun adligen Damen eine Lebensalternative zu Klostereintritt und Ehe. Das heute noch erhaltene Patrizierhaus aus dem 16. Jahrhundert in der Rathausstraße 15 wurde 1976, d.h. vier Jahre nach dem Tod der letzten Stiftsdame, an die Stadt Halle verkauft.

Seit 1921/22 befinden sich die damalige Kunstgewerbeschule der Stadt Halle und die Kunsthochschule Burg Halle in der Unterburg der Burg Giebichenstein. Der Architekt Paul Thiersch reformierte sie als Direktor zu einer dem „Werkstättenprinzip" verpflichteten modernen Kunstgewerbeschule. Schon frühzeitig waren hier Frauen tätig, wie die Töpferin Marguerite Friedlaender. Bereits in den 1920er-Jahren hatten Frauen die

Eingang zum ehemaligen Freiweltlichen adligen von Jena'schen Fräuleinstift.

künstlerische Leitung im Bereich Textil und Emaille inne, zeitweise auch in der Keramik sowie im Bucheinband und Buchdruck.

Das evangelische Diakonissen-Mutterhaus entstand im März 1857, zunächst am Weidenplan und nach dem Beispiel sowie mit Unterstützung des Diakonissen-Mutterhauses Kaiserswerth, als erstes Diakonissenhaus für die preußische Provinz Sachsen. Somit wurde es auch in Halle Frauen ermöglicht, sich als Diakonissen in der Kranken- und Säuglingspflege ein dem zeitgenössischen Rollenverständnis entsprechendes Tätigkeitsfeld zu erschließen. Demgegenüber entwickelte sich zeitgleich jenes der Kleinkinderzieherin/-lehrerin bzw. Kindergärtnerin, was in Sachsen-Anhalt an weiteren „FrauenOrten" in Zörbig und Köthen thematisiert wird. Das Diakonissen-Mutterhaus besteht bis heute auf dem Gelände des Diakoniewerks Halle am Mühlweg fort.

54 Die Großstadt im Blick
Richard Robert Rive

In der 1.200-jährigen Stadtgeschichte Halles regierten nicht immer die besten Stadträte und Bürgermeister die Stadt. Zu Beginn des 20. Jahrhunderts ragte aber eine Persönlichkeit, ein Oberbürgermeister in besonderem Maße heraus: Dr. Richard Robert Rive.

Im Jahr 1906 wurde Richard Robert Rive zum Ersten Bürgermeister der Stadt gewählt. Er beeinflusste in seiner langen Amtszeit bis 1933 die Entwicklung der Stadt so nachhaltig, dass er sie aus einer verschlafenen Provinzstadt zu einer der modernsten Großstädte Deutschlands machte. Als überzeugter Sozialpolitiker folgte er der längst vergessenen Maßgabe, dass sich Privatinteressen dem Gemeinwohl unterzuordnen hätten und nicht umgekehrt. So reformierte er die Stadtverwaltung und strukturierte sie zu einer professionellen Leistungsbehörde um.

Die rasante Industrieentwicklung zu Beginn des 20. Jahrhunderts nahm er zum Anlass, weitsichtig in Stadtplanung, Stadttechnik, Verkehr und moderne, zweckorientierte Architektur zu investieren. Herausragend war dabei auch seine umsichtige Personalpolitik. So fand er 1912 in dem zum Stadtbaurat berufenen Architekten Wilhelm Jost einen hervorragenden Partner, der für die Stadt zahlreiche wichtige neue Gebäude errichten ließ, u.a. das Arbeitsamt, das Umspannwerk am Hallmarkt, das Sparkassengebäude in der Rathausstraße, den Wasserturm Süd oder den Ratshof am Marktplatz.

Insbesondere die Verbesserung der Lebensverhältnisse der halleschen Bürger lag ihm am Herzen. Die Gründung von Wohnungsgenossenschaften und die Verwirklichung des kommunalen Wohnungsbaus in preiswerten Wohnraum für die arbeitende Bevölkerung trieb er mit Eifer voran. Allein die Ausgaben für die Armenversorgung, in Verbindung mit dem Wohnungsbau, wurden während seiner Amtszeit fast verzehnfacht.

Doch auch in der Kunst- und Kulturentwicklung legte er neue Maßstäbe. So verdankt ihm die Stadt letztlich den Bestand der „Feininger-Gemälde“ sowie den Aufbau von weiteren Kunstsammlungen für das Städtische Museum in der Moritzburg. Vertrauensvoll legte er dazu die Geschicke in die Hände des Museumsdirektors Dr. Max Sauerlandt. Darüber hinaus machte er sich für die Neubesetzung der Direktorenstelle der Handwerkerschule mit dem Architekten Paul Thiersch stark, der die Kunstgewerbeschule nach dem „Werkstättenprinzip“ reformierte und im In- und Ausland erfolgreich repräsentierte.

Im Bereich der städtischen Naherholung sorgte Rive für den Ankauf von zahlreichen neuen Grundstücken, wie z.B. die Rabeninsel, die Dölauer Heide, den Reilsberg, die Klausberge und Teile der Ziegelwiese. Somit vertrat er unbeirrt die Meinung: „Eine Stadt wie Halle muss ihr

Gedenktafel für Richard Robert Rive am heutigen Riveufer.

Flussufer fest in ihre Hände bekommen!" Davon profitieren die Hallenser heute noch, denn ein Spaziergang an der nach ihm benannten Uferstraße gehört zu den schönsten Erlebnissen in Halle.

Rive verstarb 82-jährig nach langer schwerer Krankheit und verarmt 1947 in seinem Haus am Kirchtor 5. Mit dem Erbe um seine verdienstvollen Leistungen für die Stadt tat man sich schwer. Während der DDR-Zeit weitgehend verschwiegen, gab es in den 1990er-Jahren eine Rückbesinnung. Ein Denkmal in Form einer Stele mit einer Bronzetafel, geschaffen vom halleschen Bildhauer Markus Traub, wurde 1998 am Riveufer eingeweiht. An seinem ehemaligen Wohnhaus wurde endlich mit Bauarbeiten begonnen, obwohl dies schon seit fast einem Jahrzehnt hatte saniert werden sollen.

55 Stilvoll schwimmen
Das Stadtbad

Das weitestgehend erhaltene historische Baudenkmal diente v.a. der Körperhygiene und der Gesunderhaltung der Hallenser. Das Stadtbad ist damit eines der wenigen noch in seiner Funktion erhaltenen Bäder Deutschlands und bis heute ein wichtiger Identifikationsort der Hallenser.

Zu Beginn des 20. Jahrhunderts erkannte man auch in Halle die Notwendigkeit einer kommunalen Einrichtung der Körperpflege für alle Schichten, um Krankheiten wie Cholera und Typhus zu vermeiden. Es existierten zwar private Bäder- und Flussbadeanstalten, jedoch waren die Eintrittspreise für die ärmere Bevölkerung viel zu hoch. Hinzu kam, dass im Winter so gut wie keine Möglichkeit der Gesundheitspflege bestand.

Aufgrund der schon damals guten Straßenbahnanbindung wählte die Stadt für das Bad ein Grundstück zwischen Großer Steinstraße und Schimmelstraße. Nach erfolglos ausgeschriebenem Wettbewerb konnte Wilhelm Jost als neuer Stadtbaurat einen sowohl architektonisch gelungenen als auch wirtschaftlich tragfähigen Entwurf unterbreiten und das Bad wurde nach seinen Plänen in den Jahren 1913 bis 1915 erbaut. Mitten im Ersten Weltkrieg, im Februar 1916, wurde es feierlich eröffnet.

Es entstanden zwei Schwimmhallen, Brause- und Wannenbäder sowie ein römisch-irisches Bad, streng nach Geschlechtern und Erwerbsschichten getrennt. Die Männerhalle mit dem 312 Quadratmeter großen Becken war damals sogar die erste Wettkampfstätte für den Schwimmsport in Halle. Das kleinere ovale Becken mit 160 Quadratmetern Wasserfläche war den Frauen vorbehalten und in seiner Raumwirkung eindrucksvoll. Die vielfältigen Keramikverzierungen und die beruhigende smaragdgrüne Farbgebung durch die Fliesen und Kacheln an den Wänden und Pfeilern verleihen der Frauenhalle bis heute einen beinahe orientalischen Charakter. Jost legte viel Wert darauf, dass die Badegäste sich wohl und geborgen fühlten.

Der Außenbau mit dem weithin sichtbaren markanten Wasserturm passt hervorragend in die Stadtsilhouette. Im Turm war der Druckausgleichsbehälter untergebracht. Dieser war in den damaligen Hallenbädern erforderlich, um den Wasserdruck im Bad konstant zu halten. Der Turm mit seiner kupfernen Schmuckkrone erinnert an die Turmhauben des verloren gegangenen Turms des alten Rathauses sowie an die Hausmannstürme der Marktkirche und den Roten Turm. Er ragt auch heute wieder als Wahrzeichen der Stadt über die Dächer von Halle. Das Eingangsportal flankieren mythologische Wassergestalten. Eine damals das Bad krönende überlebensgroße Kupferplastik, angelehnt an eine von einem griechischen Künstler geschaffene Figur eines „Betenden Knaben“, bildete den gestalterischen Höhepunkt des Außenbaus. Sie wurde von dem Bildhauer Fritz Mänicke geschaffen. Die kupferne

Prunkvoll gestalteter Uhrerker über dem Eingang des Stadtbades.

Figur modellierte Mänicke frei nach den Entwürfen von Jost. Diese Figur gilt heute als verloren, auf eine Rekonstruktion musste bisher aus Kostengründen verzichtet werden.

Jahrzehntelang verfiel das Stadtbad zunehmend. 2012 kamen sogar Zweifel an der vollen Tragfähigkeit der kuppelförmigen Decke auf und die Frauenhalle musste geschlossen werden. Es drohte die komplette Schließung des Bades. Diese konnte jedoch durch die hallesche Bürgerbewegung und einen daraus resultierenden Förderverein Zukunft Stadtbad Halle e.V. verhindert werden. Seitdem wurden verschiedene Sanierungsmaßnahmen durchgeführt. Durch Sicherungsmittel konnten Teile des Turms, der Frauen- und Männerhalle, des Wannenbads und der Außenfassade erneuert werden. Dem Förderverein gelang es 2020, zur weiteren Sanierung des gesamten Gebäudekomplexes Millionen von staatlichen Mitteln zu akquirieren. Damit scheint die Zukunft dieses bedeutenden nationalen Bau- und Kulturdenkmals gesichert zu sein. Das Stadtbad soll als Leuchtturmprojekt über die Stadtgrenzen hinaus weiterentwickelt werden: als modernes ganzheitliches Gesundheits-, Sport- und Entspannungszentrum.

Die Autoren

Kerstin Kiefel wurde in Halle geboren, studierte Tourismuswirtschaft in Wernigerode und gründete 2007 die Veranstaltungsagentur StattReisen Halle. Sie zeigt sich immer wieder aufs Neue überrascht von dem Fassettenreichtum, den die Stadt Halle zu bieten hat. Bei den von ihr organisierten Stadtführungen und thematischen Touren präsentiert sie ihren Gästen nicht nur die Highlights der Stadt, sondern begibt sich mit ihnen ganz bewusst auf geschichtliche wie auch auf kulinarische Spurensuche. Vor einigen Jahren entdeckte sie dann ihre Liebe zum Schreiben und trat seit 2013 mehrfach als Autorin in Erscheinung.

Der Diplom-Geologe **Matthias Winter-Pelliccioni** ist gebürtiger Hallenser und unterstützt seit vielen Jahren die Agentur StattReisen Halle. Seit Kindesbeinen fasziniert von der Geschichte seiner Heimatstadt, publizierte er bereits zahlreiche Gastbeiträge in stadtgeschichtlichen Führern.

Shutterstock/gibleho: Einband vorne;
Matthias Winter-Pelliccioni: S. 5 rechts, S. 47, S. 49, S. 55, S. 65, S. 99, S. 118 unten, S. 120, Einband hinten (links unten);
Stefanie Elsner: S. 2, S. 9, S. 15, S. 17, S. 27, S. 29, S. 30, S. 31, S. 33, S. 35, S. 37; S. 41, S. 45, S. 57, S. 75, S. 77, S. 79, S. 87, S. 89, S. 93, S. 95 unten, S. 97, S. 101, S. 102, S. 103, S. 105, S. 109, S. 111, S. 113, S. 115, S. 117, S. 118 oben;
Autor unbekannt; https://commons.wikimedia.org/wiki/File:Halle_Saale_Marktplatz_1900.jpg?uselang=de: S. 4 links;
Porträt Georg Friedrich Händel; Reproduktionsfotografie der Miniatur von Christoph Platzer; https://commons.wikimedia.org/wiki/File:Georg_Friedrich_H%C3%A4ndel_as_a_young_man.jpg?uselang=de: S. 4 Mitte;
Klaus Barta: S. 4/5 Mitte; 103;
Gottfried Riehm: S. 5 Mitte, S. 23, S. 43, S. 69;
Sammlung Amadeo Pelliccioni: Hallescher Bilderbogen: S. 7, S. 13, S. 39, S. 51;
Landesamt für Denkmalpflege und Archäologie Sachsen-Anhalt, Juraj Lipták: S. 11;
Gregor Wansa: S. 19;
Gustav Friedrich Hertzberg: S. 21;
Kupferstich von Albrecht Dürer , https://commons.wikimedia.org/wiki/File:Cardinal_Albrecht_of_Brandenburg_MET_DP815918.jpg?uselang=de: S. 25;
Autor unbekannt; https://commons.wikimedia.org/wiki/File:Zuckerraffinerie_Halle.jpg?uselang=de: S. 53;
Alphonse-Léon Noël (Zeichner); de Frey (Lithograph); https://commons.wikimedia.org/wiki/File:Johann_Christian_Reil.jpg?uselang=de: S. 61;
C. Warnecke, bearbeitet von M. Winter-Pelliccioni: S. 63;
Dorothea Pelliccioni: S. 67;
Autor unbekannt; https://de.m.wikipedia.org/wiki/Datei:Stra%C3%9Fenbahnen_in_Halle_(1891).jpg: S. 67;
Dr. Rainer Lüdigk: S. 71;
Bundesarchiv, Bild 183-58198-0024 / Fotograf: Krüger: S. 72;
Bundesarchiv, Bild 183- 1982-0430-008 / Fotograf: Lehmann: S. 85, Einband hinten (links oben);
Bundesarchiv, Bild 145-M1368-03 / Fotograf: Munker: S. 91;
Bundesarchiv, Bild 193-W0901-0126 / Fotograf: Mittelstädt: S. 107;
Bundesarchiv, Bild 183-71968-0001 / Fotograf: Schmidt: S. 95 oben, Einband hinten (rechts oben);
Stadtarchiv Halle: S. 81, Einband hinten (rechts unten);
Werner Piechocki, Stadtarchiv Halle: S. 83;
Halloren Schokoladenfabrik AG: S. 101.

Im Vordergrund die Franckeschen Stiftungen, im Hintergrund die Hallesche Altstadt.

Impressum

Sutton Verlag GmbH
Arnstädter Straße 8
99096 Erfurt
www.suttonverlag.de

ISBN: 978-3-96303-332-2
Druck: Florjančič Tisk d.o.o. / Slowenien
Gestaltung und Herstellung: Sutton Verlag
Lektorat: Christiane Wagner

Buchhinweise

Steffen Raßloff
Sachsen-Anhalt. 55 Highlights aus der Geschichte
Menschen, Orte und Ereignisse, die unsere Region bis heute prägen

19,99 € | ISBN: 978-3-96303-162-5

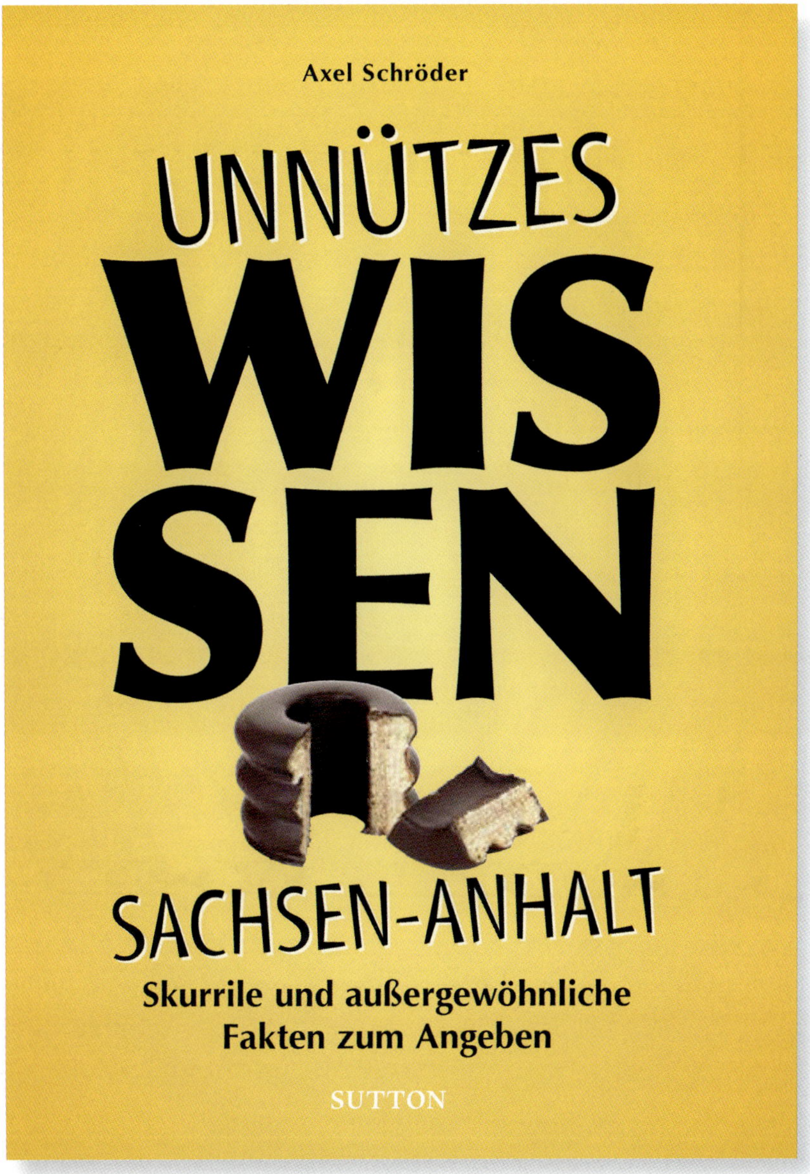

Axel Schröder
Unnützes Wissen Sachsen-Anhalt
Skurrile und außergewöhnliche Fakten zum Angeben

13,99 € | ISBN: 978-3-96303-318-6